Schriften zum neuen Aktienrecht

Herausgegeben von
Prof. Jean Nicolas Druey und Prof. Peter Forstmoser

Die Sonderversammlung im Aktienrecht

von

Dr. iur. Felix Horber, Rechtsanwalt

Schulthess Polygraphischer Verlag Zürich

9

Zitiervorschlag: Horber, Sonderversammlung

Stand der Bearbeitung: Ende Juni 1995

© Schulthess Polygraphischer Verlag AG, Zürich 1995
ISBN 3 7255 3376 8

Wo ein Ding aufhört, Gegenstand einer Kontroverse zu sein, hört es auf, Gegenstand des Interesses zu sein.

William Hazlitt (1778-1830)
englischer Essayist und Kritiker

VORWORT

Das Thema Sonderversammlung hat mit der Revision des Aktienrechts zunehmend an Brisanz gewonnen. Speziell bei der Einführung von Einheitsaktien, aber auch im Zuge der Aufhebung von Partizipationskapital stellen sich in Theorie und Praxis diverse Rechtsfragen.

Aktuelle Fälle - so auch bei der Schweizerischen Bankgesellschaft - haben die Komplexität des Themas ins Scheinwerferlicht einer breiteren Oeffentlichkeit gerückt. Fasziniert durch die Vielschichtigkeit der Fragestellung entstand beim Autor die Idee, das Thema Sonderversammlung mit einem eigenständigen Beitrag vertieft anzugehen.

Entsprechend dieser Motivation beabsichtigt die vorliegende Schrift, die bis heute aufgeworfenen, kontroversen Argumentationslinien aus der persönlichen Optik des Verfassers darzustellen und weiter zu entwickeln. Insofern will sie auf konkrete Rechtsprobleme eingehen und gleichzeitig praktikable Lösungsansätze präsentieren.

Zug, im August 1995   Dr. Felix Horber

INHALTSVERZEICHNIS

Literaturverzeichnis... 7

I. UEBERBLICK... 13
1. Gesetzliche Grundlage 13
2. Typizität der Sonderversammlung.. 14
3. Fazit 18

II. AUFHEBUNG VON STIMMRECHTSAKTIEN - EIN ZUSÄTZ-
LICHES SZENARIO FÜR EINE SONDERVERSAMMLUNG?.... 19
1. Faktische und juristische Ausgangslage 19
2. Meinungsspektrum in der Doktrin.. 20
3. Qualifikation der Stimmrechtsaktie 22
   a) Stimmrechtsaktie als Vorzugsaktie?... 22
   b) Insbesondere der Aspekt des Vorrechts... 23
4. Analoge Anwendung der Rechtsnormen über die Vorzugsaktie? 27
   a) Kriterium der Rechtsbeeinträchtigung.. 27
   b) Kriterium der Rechtsschutzbedürftigkeit.. 28
5. Massgeblichkeit der Selbstschutzfunktion der Stimmrechtsaktie 29

III. UMWANDLUNG VON PARTIZIPATIONSKAPITAL IN
AKTIENKAPITAL - NOTWENDIGKEIT EINER SPEZIELLEN
PARTIZIPANTENVERSAMMLUNG? 32
1. Ausgangssituation 32
   a) Erfordernis einer statutarischen Umwandlungsklausel 32
   b) Beobachtungen aus der Praxis.. 33
2. Exkurs: Rechtswirksamkeit von Statutenänderungen 34
   a) Problemstellung 34
   b) Standpunkte in Judikatur und Literatur 34
   c) Zulässigkeit temporären Statutenrechts? 36
3. Keine rechtlich relevante Rechtsbeeinträchtigung.............................. 38
   a) Substantieller Rechtszuschuss 38
   b) Aspekt der Anonymität 41

IV. DURCHFÜHRUNG EINER SONDERVERSAMMLUNG IN DER PRAXIS... **44**

   1. Vorbemerkung 44

   2. Konkreter Sachverhalt und Rechtsfragen 45
     a) Sachverhalt.. 45
     b) Rechtsfragen... 46

   3. Traktandum der Sonderversammlung............................... 46
     a) Technischer Ablauf der Transaktion........................ 46
     b) Zustimmungsbeschluss der Sonderversammlung zum Aktiensplit.............. 48

   4. Integration der Sonderversammlung in die Generalversammlung.................. 50
     a) Konkreter Phasenablauf.. 50
     b) Praktische Abwicklung.. 51

   5. Beschlussquorum in der Sonderversammlung................... 52

   6. Statutarische Stimmrechtsbeschränkung in der Sonderversammlung 54
     a) Problemstellung 54
     b) Sonderversammlung als Spezial-Generalversammlung der Stimmrechts-aktionäre 55
     c) Analoge Anwendbarkeit der Statutenklausel in der Sonderversammlung... 55

   7. Fazit 57

V. ZUSAMMENFASSUNG DER ERGEBNISSE.............. **59**

   1. Charakteristische Wesensmerkmale der Sonderversammlung 59

   2. Sachliches Anwendungsgebiet der Sonderversammlung.................. 59

LITERATURVERZEICHNIS

BOECKLI

Peter Böckli, Das neue Aktienrecht, Zürich 1992
zit.: Böckli, Aktienrecht

BOECKLI

Peter Böckli, Stimmrechtsaktien sind keine Vorzugsaktien, Neue Zürcher Zeitung vom 2. November 1994, 27
zit.: Böckli, NZZ

BUERGI

Wolfhart F. Bürgi, Die Aktiengesellschaft, Zürcher Kommentar, Bd. V/5b/1, Art. 660 - 697 OR, Zürich 1957

DRUEY

Jean Nicolas Druey, Information contra Geheimnisschutz - Abwägung im Einzelfall, SAG 56 (1984) 104 ff.

DU PASQUIER/OERTLE

Shelby du Pasquier/Matthias Oertle, in: Kommentar zum Schweizerischen Privatrecht, Obligationenrecht II, Art. 530 - 1186 OR, Basel 1994

FORSTMOSER

Peter Forstmoser, OR 663c - Ein wenig transparentes Transparenzgebot, in: Aspekte des Wirtschaftsrechts, Festgabe zum Schweizerischen Juristentag 1994, Zürich 1994, 69 ff.
zit.: Forstmoser, Festgabe

FORSTMOSER

Peter Forstmoser, Schweizerisches Aktienrecht, Bd. I/Lieferung 1, Grundlagen, Gründung und Aenderungen des Grundkapitals, Zürich 1981
zit.: Forstmoser, Aktienrecht

FORSTMOSER

Peter Forstmoser, Zwei Jahre revidiertes Aktienrecht, Zehn Beobachtungen, ST 11/94, 869 ff.
zit.: Forstmoser, ST

FORSTMOSER/MEIER-HAYOZ

Peter Forstmoser/Arthur Meier-Hayoz, Einführung in das schweizerische Aktienrecht, 2./3. Aufl., Bern 1980/83

FUNK

Fritz Funk, Kommentar des Obligationenrechts: Das Recht der Gesellschaften, Aarau 1951

HESS

Beat Hess, in: Kommentar zum Schweizerischen Privatrecht, Obligationenrecht II, Art. 530 - 1186 OR, Basel 1994

HOMBURGER   Eric Homburger, Leitfaden zum neu-
en Aktienrecht, 2. Aufl., Zürich 1992

HORBER   Felix Horber, Das Auskunftsbegehren
und die Sonderprüfung - siamesische
Zwillinge des Aktienrechts, SJZ 91
(1995) 165 ff.
zit.: Horber, SJZ

HORBER   Felix Horber, Der Partizipant als
vollberechtigter Verwaltungsrat in der
AG?, Neue Zürcher Zeitung vom 6.
August 1992, 29
zit.: Horber, NZZ

HUGUENIN JACOBS   Claire Huguenin Jacobs, Das Gleich-
behandlungsprinzip im Aktienrecht,
Zürich 1994

LAENZLINGER   Andreas Länzlinger, in: Kommentar
zum Schweizerischen Privatrecht,
Obligationenrecht II, Art. 530 - 1186
OR, Basel 1994

MAUTE   Wolfgang Maute, Die Durchführung
der Generalversammlung, insbeson-
dere in der Mittelstandsunterneh-
mung, Zürich 1993

MEIER-HAYOZ   Arthur Meier-Hayoz, Kommentar
zum Schweizerischen Zivilrecht,
Einleitung, Art. 1 - 10 ZGB, Bern
1962

SCHLEIFFER

Patrick Schleiffer, Der gesetzliche Stimmrechtsausschluss im schweizerischen Aktienrecht, nach bisherigem und revidiertem Recht, Bern 1993

SCHUCANY

Emil Schucany, Kommentar zum Schweizerischen Aktienrecht, Schweizerisches Obligationenrecht, 26. und 27. Titel: Die Aktiengesellschaft und Kommanditaktiengesellschaft, 2. Aufl., Zürich 1960

SIEGWART

Alfred Siegwart, Die Aktiengesellschaft, Zürcher Kommentar, Bd. V/5a, Allgemeine Bestimmungen, Art. 620 - 659 OR, Zürich 1945

TANNER

Brigitte Tanner, Quoren für die Beschlussfassung in der Aktiengesellschaft, Diss. Zürich 1987

VOGT

Nedim Peter Vogt, in: Kommentar zum Schweizerischen Privatrecht, Obligationenrecht II, Art. 530 - 1186 OR, Basel 1994

VON BUEREN

Roland von Büren, Erfahrungen schweizerischer Publikumsgesellschaften mit dem neuen Aktienrecht, ZBJV 131 (1995) 57 ff.

VON GREYERZ

Christoph von Greyerz, Die Aktiengesellschaft, in: Schweizerisches Privatrecht, Bd. VIII/2, Basel 1982

VON STEIGER

Fritz von Steiger, Das Recht der Aktiengesellschaft in der Schweiz, 4. Aufl., Zürich 1970

V. SALIS

Ulysses v. Salis, Beschränkung der Stimmkraft der Aktionäre durch Höchststimmklauseln, in: Neues zum Gesellschafts- und Wirtschaftsrecht, Zum 50. Geburtstag von Peter Forstmoser, Zürich 1993, 171 ff.

WERNLI

Martin Wernli, in: Kommentar zum Schweizerischen Privatrecht, Obligationenrecht II, Art. 530 - 1186 OR, Basel 1994

WOHLMANN

Herbert Wohlmann, Partizipationsscheine - zugleich ein Beitrag zur Interdependenz von Gesellschaftsrecht und Finanzrecht, SZW 4/91, 169 ff.

ZINDEL

Gaudenz G. Zindel, Aktionäre ohne Stimmrecht und stimmrechtslose Aktionäre, in: Neues zum Gesellschafts- und Wirtschaftsrecht, Zum 50. Geburtstag von Peter Forstmoser, Zürich 1993, 199 ff

ZOBL

Dieter Zobl, Zur Frage der Einblicknahme in das Aktienbuch, SZW 2/92, 49 ff.

ZIMMERMANN

Harry Zimmermann, Stimmrechtsaktien und ähnliche Rechtsgebilde, in:
Die AG im neuen OR, Zürich 1951

Die im Literaturverzeichnis angeführten Werke und Abhandlungen werden in der Regel mit dem Namen des Verfassers und der Seitenzahl zitiert. Wo die Klarheit es erfordert, werden die betreffenden Schriften durch die im Verzeichnis angegebene Zitierweise kenntlich gemacht.

I. Ueberblick

1. Gesetzliche Grundlage

Das revidierte Aktienrecht[1] greift die Thematik der Sonderversammlung[2] in *zwei* Artikeln auf: Zum einen in Art. 654 Abs. 2 und 3 OR im Rahmen der *Vorzugsaktien* und zum andern in Art. 656f Abs. 4 OR bei der Behandlung der *Partizipationsscheine*.

- Beim *Recht der Vorzugsaktien* - der ersten der beiden gesetzlichen Grundlagen für eine Sonderversammlung - findet sich in Art. 654 Abs. 2 OR die Regelung, dass die Schaffung *weiterer* (neuer) Vorzugsaktien mit zusätzlichen Vorrechten bei schon ausgegebenen (bestehenden) Vorzugsaktien nur unter der kumulativen Voraussetzung erfolgen kann, dass eine besondere Versammlung der beeinträchtigten (bisherigen) Vorzugsaktionäre *und* die Generalversammlung sämtlicher Aktionäre zustimmen[3]. Eine abweichende statutarische Ordnung bleibt allerdings vorbehalten (Art. 654 Abs. 2 Satz 2 OR).

  Gemäss Art. 654 Abs. 3 OR ist ein solcher *Doppelbeschluss* auch bei der *Aenderung oder Aufhebung* von statutarischen Vorrechten, die mit Vorzugsaktien verbunden sind, erforderlich.

- Aehnlich präsentiert sich die Sachlage beim *Recht der Partizipationsscheine*, dem zweiten gesetzlichen Anwendungsfall einer Sonderversammlung. Sofern die Statuten nichts Abweichendes bestimmen, dürfen die Vorrechte und

---

[1]   Im alten Aktienrecht wurde der Aspekt der Sonderversammlung lediglich im Recht der Vorzugsaktie (Art. 654 Abs. 2 und 3 alt OR) thematisiert (der Partizipationsschein war im alten Aktienrecht *legislatorisch* noch nicht erfasst).

[2]   Der Gesetzgeber spricht jeweils von einer "besonderen Versammlung" der beeinträchtigten Vorzugsaktionäre (Art. 654 Abs. 2 OR) bzw. der betroffenen Partizipanten (Art. 656f Abs. 4 OR).

[3]   Vgl. *Böckli*, Aktienrecht, 99, N 350.

die statutarischen Mitwirkungsrechte von Partizipanten gemäss Art. 656f Abs. 4 OR nur mit Zustimmung einer besonderen Versammlung der betroffenen Partizipanten und der Generalversammlung der Aktionäre beschränkt oder aufgehoben werden[4].

Legislatorisch betrachtet erschöpft sich somit in diesen beiden zitierten Varianten das sachliche Anwendungsgebiet der Sonderversammlung.

2. Typizität der Sonderversammlung

Die Analyse der beiden Gesetzesartikel im Recht der Vorzugsaktie und im Recht des Partizipationsscheins lässt uns Parallelitäten erkennen, die für das Erfordernis der Sonderversammlung symptomatisch sind:

- *Sonderversammlungen sind dispositive Anordnungen des Gesetzgebers.*

  Es liegt in der statutarischen Dispositionsfreiheit der Gesellschaft, für die bei der Vorzugsaktie und beim Partizipationsschein aufgeführten Tatbestände anstelle der Sonderversammlung ein anderes Organisationsregime vorzusehen[5].

- *Sonderversammlungen verkörpern den Gedanken des kollektiven Rechtsschutzes.*

  Die Organisationsform der Sonderversammlung wird für Situationen reserviert, bei denen ein Abbau von statutarisch eingeräumten Rechten und damit die bislang erwor-

---

4 In diesem Rahmen kommt den Partizipanten ein *Sonderstimmrecht* zu. Dabei geht es "nicht um eine volle Stimme in den Angelegenheiten der Gesellschaft, nicht um die Willensbildung der Generalversammlung, sondern um eine blosse Einwilligung in einen körperschaftlichen Gesamtakt der Aktionäre" (vgl. *Böckli*, Aktienrecht, 142, N 501; vgl. dort auch die Anm. 63, wo richtigerweise von einem Verzicht auf eine wohlerworbene Rechtsposition gesprochen wird).

5 Vgl. dazu u.a. *Böckli*, Aktienrecht, 100, N 352; *Hess* N 5 zu Art. 656f OR.

bene Rechtsposition zur Debatte steht. Der Abbau manifestiert sich in folgenden Varianten:

- in der *Beeinträchtigung* von Vorzugsaktien durch Ausgabe weiterer, zusätzlich privilegierter Vorzugsaktien, d.h. denen im Verhältnis zu den bereits existierenden Vorzugsaktien zusätzliche Vorrechte eingeräumt werden (Art. 654 Abs. 2 OR);

- in der *Abänderung* von statutarischen Vorrechten, die mit Vorzugsaktien verknüpft sind (Art. 654 Abs. 3 OR);

- in der *Aufhebung* von mit Vorzugsaktien verbundenen statutarischen Vorrechten (Art. 654 Abs. 3 in fine OR);

- in der *Beschränkung* von Vorrechten und statutarischen Mitwirkungsrechten an Partizipationsscheinen (Art. 656f Abs. 4 OR);

- in der *Aufhebung* von Vorrechten und statutarischen Mitwirkungsrechten von Partizipanten (Art. 656f Abs. 4 in fine OR).

- *Sonderversammlungen adressieren primär den Status von Vorrechten.*

  Für den Tatbestand der Sonderversammlung *typisch* ist die Beeinträchtigung von *Vorrechten*. Gegenstand des potentiellen - partiellen oder totalen - Rechtsverlusts bilden statutarisch den Vorzugsaktionären oder Partizipanten eingeräumte Privilegien, namentlich in Form von Dividenden, von Liquidationsanteilen oder Bezugsrechten (vgl. Art. 656 Abs. 2 OR bzw. Art. 656f Abs. 1 OR)[6]. Die Sonderversammlung resultiert mithin in erster Linie aus dem Abbau von statutarisch verliehenen *Vermögensrechten*.

- *Sonderversammlungen wirken auch als Schutzfaktor für statutarische Mitwirkungsrechte von Partizipanten.*

  Den Partizipanten steht mit dem revidierten Aktienrecht *zwingend* ein Mindestmass an mitgliedschaftlichen Rech-

---

6   Vgl. dazu *Huguenin Jacobs* 85 ff.

ten zu[7]. Auf statutarischer Basis können den Partizipanten zusätzliche Mitwirkungsrechte verliehen werden, im einzelnen das Recht auf Einberufung einer Generalversammlung[8], das Teilnahmerecht[9], das Auskunftsrecht[10], das Einsichtsrecht[11], das Recht auf Einleitung einer Sonderprüfung[12], das Antragsrecht[13] sowie das Vertretungsrecht im Verwaltungsrat[14]. Die Beschränkung oder Aufhebung solcher statutarisch eingeräumter Mitwirkungsrechte kann nur mit Zustimmung einer besonderen Partizipantenversammlung erfolgen. Die Wirksamkeit einer entsprechenden Statutenänderung hängt demnach von der separaten Zustimmung der Sonderversammlung ab.

- *Sonderversammlungen sind separate Beschlussgremien mit selbständiger Beschlussfassungskompetenz.*

In der besonderen Versammlung der Vorzugsaktionäre resp. in der Partizipantenversammlung sind ausschliesslich

---

7 Unter die mitgliedschaftlichen Rechte, die den Partizipanten *ex lege* zustehen, fallen das Recht auf Orientierung über die Einberufung der Generalversammlung, das Recht, schriftlich ein Auskunfts- oder Einsichtsbegehren zu stellen, das schriftliche Antragsrecht auf Einleitung einer Sonderprüfung (vgl. dazu im speziellen *Horber*, SJZ 91 (1995) 167), das Recht auf Orientierung über die von den Aktionären gefassten Beschlüsse sowie das Recht auf Einleitung einer Anfechtungs- und Verantwortlichkeitsklage (vgl. dazu im einzelnen *Böckli*, Aktienrecht, 143 ff.).

8 Vgl. Art. 656c Abs. 1 und 2 OR.

9 Vgl. Art. 656c Abs. 1 und 2 OR.

10 Art. 656c Abs. 2 und 3 OR. Das statutarisch verliehene Auskunftsrecht entspricht mutatis mutandis dem Auskunftsrecht des Aktionärs gemäss Art. 697 Abs. 1 und 2 OR.

11 Art. 656c Abs. 2 und 3 OR. Das statutarisch eingeräumte Einsichtsrecht entspricht mutatis mutandis dem Einsichtsrecht des Aktionärs gemäss Art. 697 Abs. 3 OR.

12 Art. 656c Abs. 3 OR in Verbindung mit Art. 697a Abs. 1 OR.

13 Vgl. Art. 656c Abs. 2 in fine OR.

14 Vgl. Art. 656d OR. Vgl. dazu auch *Horber*, NZZ vom 6. August 1992, 29.

die in ihrer Rechtsposition *beeinträchtigten* Vorzugsaktionäre und Partizipanten zugelassen. Diese entscheiden selbständig in separater Beschlussfassung. In der Sonderversammlung ist demnach nur legitimiert, wer durch die Rechtsänderung *beschwert* wird.

- *Sonderversammlungen können für sich allein keinen gesellschaftsrechtlichen Gesamtakt beschliessen.*

Den Sonderversammlungen wird jeweils ein *singuläres Generalversammlungstraktandum* zur selbständigen Beschlussfassung vorgelegt[15]. Der Beschlussfassungsgegenstand ist *zusätzlich* auch der Gesamtheit der Aktionäre in der Generalversammlung zur autonomen Entscheidung zu unterbreiten. Dieses Erfordernis des Doppelbeschlusses[16] ist eine logische Konsequenz daraus, dass für *Statutenänderungen* gemäss Art. 698 Abs. 2 Ziff. 1 OR zwingend die Generalversammlung (aller Aktionäre) zuständig ist. Ein gesellschaftsrechtlicher Gesamtakt kann daher nie unter Ausschaltung der Generalversammlung der Aktionäre beschlossen werden[17]. Dies schliesst aber nicht

---

[15] Sonderversammlungen entpuppen sich eigentlich als Generalversammlungen von beeinträchtigten Vorzugsaktionären oder beeinträchtigten Partizipanten, die in separater Beschlussfassung zu einem identischen Sachentscheid wie die Generalversammlung sämtlicher Aktionäre Stellung nehmen (vgl. in diesem Zusammenhang *Tanner* 14 bei Anm. 90 sowie 211, N 27 f., wonach die Sonderversammlung einen organähnlichen Status aufweist). Sonderversammlungen können daher mit Bezug auf die Gesamtheit der Aktionäre als Mini-Generalversammlungen eingestuft werden, denen mit Bezug auf ein singuläres Generalversammlungstraktandum eine selbständige Beschlussfassungskompetenz (Zustimmungskompetenz) zukommt (vgl. dazu auch hinten unter IV 6. bei b) auf Seite 53).

[16] Der Gesetzestext spricht eine klare Sprache: In Art. 654 Abs. 2 OR ist von der "Zustimmung *sowohl* einer besonderen Versammlung der beeinträchtigten Vorzugsaktionäre *als auch* einer Generalversammlung sämtlicher Aktionäre" die Rede, während Art. 656f Abs. 4 OR von der "Zustimmung einer besonderen Versammlung der betroffenen Partizipanten *und* der Generalversammlung der Aktionäre" spricht (optische Hervorhebung jeweils durch mich erfolgt).

[17] Vgl. dazu *Tanner* 214 bei Anm. 82.

aus, dass das Zustandekommen eines rechtswirksamen Generalversammlungsbeschlusses in klar bezeichneten Einzelfällen zusätzlich vom Zustimmungsentscheid einer Sonderversammlung abhängig gemacht wird[18].

3. Fazit

Sonderversammlungen bilden dispositive, aus Vorzugsaktionären oder Partizipanten zusammengesetzte Spezialgremien, die in präzis umschriebenen Einzelfällen zur Wahrung des kollektiven Rechtsschutzes neben der Generalversammlung aller Aktionäre mit selbständiger Beschlussfassungskompetenz über eine Rechtsbeeinträchtigung entscheiden[19].

---

[18] Auf die Reihenfolge der einzelnen Beschlüsse kommt es nicht an, d.h. der Beschluss der Sonderversammlung kann entweder vor dem Generalversammlungsbeschluss oder nach dem Generalversammlungsbeschluss erfolgen (vgl. dazu *Vogt* N 26 zu Art. 654 - 656 OR).

[19] Bei den angesprochenen Fällen von Sonderversammlungen gilt es neben den formellen Gesichtspunkten (Notwendigkeit einer Sonderversammlung) generell auch die materiellen Aenderungsregeln von Art. 706 OR zu beachten. Vgl. zu diesem - im Rahmen dieser Darstellung nicht weiter zu behandelnden - Thema insbesondere *Huguenin Jacobs* 88.

II. Aufhebung von Stimmrechtsaktien - ein zusätzliches Szenario für eine Sonderversammlung?

1. Faktische und juristische Ausgangslage

Zumindest dem Gesetzeswortlaut nach bleibt der *sachliche Geltungsbereich* der Sonderversammlung auf die angesprochenen Situationen bei der Vorzugsaktie und beim Partizipationsschein beschränkt.

In der *Kapitalmarktpraxis* zeichnet sich *über diesen gesetzlichen Rahmen hinaus* in jüngster Vergangenheit zunehmend der Trend ab, bei Kapitalrestrukturierungen, die aufgrund der Einführung von Einheitsaktien[20] mit der *Elimination von Stimmrechtsaktien* verbunden sind, neben der Generalversammlung sämtlicher Aktionäre *zusätzlich* eine spezielle Versammlung der beeinträchtigten Stimmrechtsaktionäre einzuberufen[21], damit diese in separater Beschlussfassung über die Aufhebung des Stimmrechtsprivilegs selbständig befinden können.

Interessanterweise hat der Gesetzgeber lediglich die Einführung, *nicht aber die Aufhebung* von Stimmrechtsaktien verfahrensmässig vorgeschrieben[22]. Der Gesetzestext äussert sich - im Gegensatz zur Situation bei der Vorzugsaktie - nirgends zur Rechtsfrage, wie die Beeinträchtigung oder Aufhebung des Stimmrechtsprivilegs gesellschaftsrechtlich durchzuführen ist.

---

[20]   Ob in Form der Einheitsnamenaktie oder in Form der Einheitsinhaberaktie.

[21]   Vgl. bspw. Mlkron Holding AG, September 1990; Leu Holding AG, April 1992; Merkur Holding AG, Juni 1992; Attisholz Holding AG, Oktober 1992; Sprecher + Schuh Holding AG, Mai 1993; Usego-Trimerco Holding AG, April 1994; Biber Holding AG, Juni 1994; Siegfried AG, Juni 1994; CS Holding AG, Mai 1995.

[22]   Vgl. Art. 704 Abs. 1 Ziff. 2 OR, wonach für die Einführung von Stimmrechtsaktien im Sinne von Art. 693 OR ein qualifiziertes Mehr von mindestens zwei Dritteln der vertretenen Stimmen und die absolute Mehrheit der vertretenen Aktiennennwerte erforderlich ist.

Es erstaunt daher nicht, dass im Zuge dieses legislatorischen Vakuums die Meinungen in der Lehre über die Notwendigkeit einer Sonderversammlung für Stimmrechtsaktionäre bei Aufhebung des Stimmrechtsprivilegs stark divergieren.

2. Meinungsspektrum in der Doktrin

Vorweg gilt es zu vermerken, dass die *Stossrichtung* der Untersuchungen in der Literatur nicht einheitlich erfolgt.

- Zuweilen konzentrieren sich die Abklärungen lediglich auf die Qualifikation der Stimmrechtsaktie, ohne den Aspekt der Sonderversammlung speziell zu thematisieren.

- Wird die Stimmrechtsaktie nicht als Vorzugsaktie eingestuft, bleibt oftmals ungeprüft, ob die Rechtsnormen über die Vorzugsaktie eventuell *per analogiam* auf die Rechtssituation bei der Stimmrechtsaktie Anwendung finden.

- Sodann wird gelegentlich - gesetzessystematisch argumentierend - die Zweiteilung des Rechts der Vorzugsaktie und des Rechts der Stimmrechtsaktie hervorgehoben, dabei aber gerade übersehen, dass der Aspekt der Rechtsbeeinträchtigung des Aktionärs nur bei der Kategorie der Vorzugsaktien, nicht aber bei jener der Stimmrechtsaktien gesetzlich erfasst wird.

Aus dieser Erkenntnis heraus lassen sich denn auch die kontroversen Meinungen nicht leichthin schematisieren.

Funk[23], *Zimmermann*[24], *Schucany*[25] und wohl auch *Fritz von Steiger*[26] sowie - allerdings nur mit Bezug auf die Aufhebung oder Beeinträchtigung der Stimmrechtsbegünstigung - *Siegwart*[27] vertreten - zuweilen aber lediglich mit pauschaler Be-

---

23 N 1 zu Art. 654 OR.

24 57 f., 82.

25 N 2 zu Art. 654 OR.

26 67.

27 N 12 zu Art. 654 - 656 OR.

gründung - die Auffassung, Stimmrechtsaktien seien als Vorzugsaktien zu betrachten.

Von Greyerz[28], *Böckli*[29] sowie *Vogt*[30] argumentieren hingegen, dass die Vorschriften über die Vorzugsaktie im allgemeinen keine Anwendung auf die Stimmrechtsaktie finden. Differenzierte Erwägungen finden sich bei *Brigitte Tanner*. Die Autorin spricht sich dezidiert gegen eine Gleichstellung von Stimmrechts- und Vorzugsaktien aus mit der Begründung, dass - und dies ergäbe sich aus der systematischen Betrachtung des Gesetzes - der Gesetzgeber die Stimmrechts- und Vorzugsaktien voneinander getrennt geregelt und sie somit gesetzestechnisch nicht gleichgestellt haben wollte. Ihrem Lösungsansatz folgend erachtet sie daher eine Sonderversammlung der Stimmrechtsaktionäre zur Aufhebung des Stimmrechtsprivilegs für nicht erforderlich. Die Zustimmung der absoluten Mehrheit der vertretenen Aktienstimmen, mithin eine Beschlussfassung ohne qualifiziertes Mehr, sei dafür ausreichend[31].

Bürgi[32] und neuerdings auch *Böckli*[33] befürworten demgegenüber die Anwendung der von *Siegwart*[34] entwickelten Regel, wonach die gleiche Zweidrittelsmehrheit, die für die Einführung der Stimmrechtsaktien verlangt wird, auch für die Aufhebung der Stimmrechtsaktien erforderlich sei.

Grob zusammengefasst existieren mithin in der Doktrin drei Ansichten:

---

28   78.

29   Aktienrecht, 98 bei Anm. 57.

30   N 7 zu Art. 654 - 656 OR.

31   258 f.; vgl. auch *Länzlinger* N 9 zu Art. 693 OR.

32   N 19 zu Art. 693 OR.

33   NZZ vom 2. November 1994, 27 (dies allerdings in Abkehr zu seiner früher gefassten Meinung; vgl. diesbezüglich die hinten in Anm. 99 figurierende Literaturstelle).

34   Vgl. zur sog. Siegwart-Regel bei *Siegwart* N 15 zu Art. 648 OR.

- Stimmrechtsaktien sind Vorzugsaktien und können nur entsprechend der Regelung von Art. 654 Abs. 2 und 3 OR unter Zustimmung einer speziellen Sonderversammlung der beeinträchtigten Stimmrechtsaktionäre aufgehoben werden.

- Stimmrechtsaktien sind keine Vorzugsaktien und können folglich ohne Sonderversammlung der Stimmrechtsaktionäre, aber nur mit der identischen Zweidrittelsmehrheit, die bereits für die Einführung der Stimmrechtsaktie verlangt wird, aufgehoben werden.

- Stimmrechtsaktien sind keine Vorzugsaktien und können deshalb ohne Sonderversammlung der Stimmrechtsaktionäre unter blosser Zustimmung der absoluten Mehrheit der vertretenen Aktienstimmen aufgehoben werden.

Wie verhält sich nun die Rechtslage?

3. Qualifikation der Stimmrechtsaktie

a) Stimmrechtsaktie als Vorzugsaktie?

Dem Aktienrecht liegt das Prinzip zugrunde, dass sich das Stimmrecht eines Aktionärs nach dem Umfang seiner Kapitalbeteiligung bemisst. Neben diesem System des Stimmrechts nach Kapitalanteilen ermöglicht das Gesetz aber auch das sog. Stückstimmrecht: Gemäss Art. 693 Abs. 1 OR können die Statuten bestimmen, dass jede Aktie unabhängig von ihrem Nennwert eine Stimme vermittelt (sog. Stimmrechtsaktien). Die Stimmrechtsaktien können allerdings *nur in unechter Form* ausgegeben werden, d.h. das Stimmrechtsprivileg besteht darin, dass mit kleinem finanziellem Engagement die gleiche Stimmkraft erreicht wird. Das hat zur Konsequenz, dass bei gleichem Kapitaleinsatz ein Mehrfaches an Stimmen erzielt werden kann[35].

---

[35] Nach schweizerischem Recht unzulässig sind hingegen - dies bspw. im Gegensatz zum deutschen Recht - die echten Stimmrechtsaktien, die sich dadurch auszeichnen, dass Aktien mit gleichem Nennwert, aber unterschiedlicher Stimmkraft ausgegeben werden.

Dieses Stimmrechtsprivileg erfährt - wie bereits kurz angetönt - keinen speziellen legislatorischen Rechtsschutz. Stehen demnach den Stimmrechtsaktionären keine Interventionsmöglichkeiten zu, um einer Schlechterstellung ihrer Rechtsposition entgegenzuwirken? Beurteilt sich mit anderen Worten der Wegfall der Stimmrechtsaktie und damit die Aufhebung des Stimmrechtsprivilegs anders als die Beeinträchtigung von Privilegien bei den Vorzugsaktien oder beim Partizipationsschein?

Beim Recht der Vorzugsaktie findet sich in Art. 654 Abs. 3 OR (in Verbindung mit Art. 654 Abs. 2 OR) die hier speziell interessierende und bereits weiter vorne erläuterte Regelung, dass die *Beeinträchtigung der Rechtsstellung des Vorzugsaktionärs*[36] nur unter der kumulativen Voraussetzung erfolgen kann, dass eine besondere Versammlung der betroffenen Vorzugsaktionäre und die Generalversammlung sämtlicher Aktionäre zustimmen[37]. Können nun diese für den Vorzugsaktionär konzipierten Rechtsregeln auch auf den Fall Anwendung finden, wenn Stimmrechtsaktionäre ihrer *stimmenmässigen* Vorzugsstellung verlustig gehen? Handelt es sich mithin beim Stimmrechtsprivileg um ein *Vorrecht*, über dessen Beeinträchtigung - wie bei den Vorrechten der Vorzugsaktie - nur unter *zusätzlicher Einberufung* einer separaten Sonderversammlung der betroffenen Aktionäre rechtsgültig entschieden werden kann?

b)   Insbesondere der Aspekt des Vorrechts

Zur Klärung dieser Rechtsfrage erscheint eine Begriffsanalyse unerlässlich. Bei näherer Betrachtung der einschlägigen Gesetzesstellen im Recht der Vorzugsaktie können für das Vorrecht folgende charakteristischen Merkmale herausgeschält werden:

---

[36]   Das Gesetz spricht in Art. 654 Abs. 3 OR von der Abänderung oder Aufhebung von statutarischen Vorrechten, die mit Vorzugsaktien verbunden sind. Mithin kann es sich um eine Beeinträchtigung von Vorrechten - um eine *Abänderung im gesetzestechnischen Sinne* - oder um eine partielle (Aufhebung lediglich eines oder mehrerer Vorrechte) oder um eine totale Aufhebung (sämtlicher Vorrechte) handeln. Lediglich im letzten Fall wird die Rechtsstellung des Vorzugsaktionärs totaliter kassiert.

[37]   Vgl. dazu *Böckli*, Aktienrecht, 99, N 350.

- Vorrechte sind *Privilegien*, die der Vorzugsaktie im Gegensatz zur Stammaktie immanent sind (Art. 656 Abs. 1 OR).

- Innerhalb der Kategorie der Vorzugsaktien kann es Vorzugsaktien mit *unterschiedlichen Vorrechten* geben mit der Konsequenz, dass einem Teil der Vorzugsaktionäre gegenüber dem anderen Teil Vorrechte zustehen (Art. 654 Abs. 2 OR).

- Vorrechte können sich "namentlich" auf die Dividende, das Bezugsrecht und den Liquidationsanteil erstrecken (Art. 656 Abs. 2 OR) und werden mithin - dieser gesetzlichen Aufzählung folgend - *auf Vermögensrechten eingeräumt*[38].

Wie präsentiert sich die Situation bei der Stimmrechtsaktie?

- Stimmrechtsaktien enthalten per definitionem Stimmprivilegien, die sie von den Stammaktien unterscheiden. Insofern bildet die *Privilegierung* wie bei den Vorzugsaktien das massgebende Abgrenzungskriterium zur Stammaktie.

- Statutarisch können - zumindest rein theoretisch - innerhalb der Kategorie der Stimmrechtsaktionäre verschiedene Abstufungen bestehen, so dass stimmenmässig gesehen der Kreis der Stimmrechtsaktionäre unterschiedlich privilegiert sein kann. Das Stimmrechtsprivileg ist demnach wie das Vorrecht abstufbar.

- Gegenstand der Privilegierung bildet bei der Stimmrechtsaktie ausschliesslich das Stimmrecht, mithin das klassischste aller Mitwirkungsrechte.

Aus dieser kurzen, vergleichsweisen Gegenüberstellung erhellt, dass die differentia specifica zwischen einem Vorrecht und dem Stimmrechtsprivileg wohl darin besteht, dass das Vorrecht ausschliesslich vermögensrechtlich und das Stimmrechtsprivileg ausschliesslich mitwirkungsrechtlich orientiert und motiviert ist.

---

[38] Vgl. dazu *Homburger* 42, wonach unter Vorrechten - im Zusammenhang mit Art. 656f Abs. 4 OR alle mit dem Partizipationsschein verbundenen - Vermögensrechte zu verstehen sind.

Das Stimmrechtsprivileg stellt mithin kein Vorrecht im Sinne der Vorzugsaktie dar.

Diese Kernaussage könnte allerdings mit der Argumentation kollidieren, dass aus der nicht abschliessenden Aufzählung der einzelnen Vorrechte in Art. 656 Abs. 3 OR sich das Vorrecht eben auch auf Mitwirkungsrechte, insbesondere das Stimmrecht, beziehen könnte. Dieser Ansicht könnte aber folgendes entgegengehalten werden:

- Sämtliche der gesetzlich aufgelisteten Rechte, an denen Vorrechte eingeräumt werden können, bilden klassische Vermögensrechte. Die Rechtsnatur der Rechte, die mit Vorrechten verknüpft werden können, wird damit vom Gesetzgeber klar vorgezeichnet. Die Aufzählung hat sozusagen *kategoriebestimmenden* Charakter und signalisiert, dass es sich bei den Vorzugsaktien nur um vermögensrechtlich privilegierte Aktien handeln kann.

- In der Praxis existiert eine Reihe von Rechten, die neben den namentlich erwähnten Vermögensrechten Gegenstand einer finanziellen Privilegierung sein können[39]. Die rein exemplifikative Enumeration hat folglich einen durchaus realistischen und praxisorientierten Hintergrund. Aus dem nicht abschliessenden Charakter der Aufzählung darf demnach nicht geschlossen werden, dass sich die weiteren, im Gesetz vorbehaltenen Fälle von Vorrechten mangels weiterer Vermögensrechte automatisch nur noch auf Mitwirkungsrechte beziehen könnten.

- Beim Partizipationsschein wird bei den Gründen für eine spezielle Sonderversammlung (Partizipantenversammlung) klar zwischen Vorrechten und statutarischen Mitwirkungs-

---

[39]   Vgl. dazu *Vogt* N 16 zu Art. 654 - 656 OR. Er spricht im einzelnen - als Beispiele für weitere Vorrechte - von unentgeltlichen oder vergünstigten Benutzungen von Einrichtungen der Gesellschaft, von unentgeltlichen oder vergünstigten Dienstleistungen, welche die Gesellschaft erbringt, vom kostenlosen oder verbilligten Bezug von Produkten der Gesellschaft oder von der Einräumung von Vorkaufs-, Kaufs- oder Rückkaufrechten an Gegenständen des Gesellschaftsvermögens.

rechten differenziert. Auch wenn dem Partizipationsschein per definitionem kein Stimmrecht zukommen kann, lässt sich aus dieser gesetzlichen Aufteilung m.E. eindeutig ableiten, dass statutarisch eingeräumte Mitwirkungsrechte nicht als Vorrechte qualifiziert werden können. Ansonsten hätte der Gesetzgeber auf diese Unterscheidung verzichten können. Vorrechte verkörpern mithin nicht die Summe von Privilegien, die *gesamthaft* mit einem Beteiligungspapier[40] verknüpft werden können. Neben Vorrechten existiert - mit andern Worten - eine selbständige Kategorie von Privilegien, die keine Konnexität mit Vermögensrechten aufweisen[41].

- Diese Trennung der Kategorien findet sich auch bei der Regelung der Vertretungsrechte von Aktionärskategorien und Aktionärsgruppen im Verwaltungsrat: Art. 709 Abs. 1 OR hält bei den privilegierten Aktienkategorien die Aktienkategorie mit Bezug auf das Stimmrecht und diejenige mit Bezug auf die vermögensrechtlichen Ansprüche klar auseinander[42]. Das Gesetz stellt mithin diese beiden privilegierten Kategorien explizit *nebeneinander* und *nicht* ins Verhältnis Oberkategorie (Vorzugsaktien) zu Unterkategorie (Stimmrechtsaktien).

Welche Konklusionen können aus diesem Resultat gezogen werden? Kann demnach das Stimmrechtsprivileg ohne spezielle Sonderversammlung der beeinträchtigten Stimmrechtsaktionäre aufgehoben werden?

---

40 Ob nun mit einer Aktie oder mit einem Partizipationsschein.

41 So bei den Aktien das Stimmrechtsprivileg und bei den Partizipationsscheinen beispielsweise die Einräumung der mit dem Stimmrecht zusammenhängenden Rechte im Sinne von Art. 656c Abs. 2 OR.

42 Vgl. dazu u.a. *Wernli* N 9 zu Art. 709 OR.

4. Analoge Anwendung der Rechtsnormen über die Vorzugsaktie?

Fällt eine *direkte* Anwendung der Bestimmungen über die Sonderversammlung[43] ausser Betracht, bleibt noch abzuklären, ob sich allenfalls eine *analoge Rechtsanwendung* aufdrängt.

Unter Analogie - im Sinne der Gesetzesanalogie - versteht man die Uebernahme einer schon vorhandenen rechtlichen Regelung auf einen von dieser Regelung nicht erfassten, auch sonst rechtlich nicht geregelten, aber in wesentlicher Beziehung gleichen Tatbestand[44]. Dem Analogieschluss liegt mithin die Forderung zugrunde, Gleiches (Gleichwertiges) *gleich* zu behandeln.

Erweist sich im vorliegenden Fall die Rechtssituation eines Stimmrechtsaktionärs, dessen Stimmrechtsprivileg aufgehoben wird, als in wesentlicher Beziehung gleich mit der Rechtssituation eines Vorzugsaktionärs, der in seinen vermögensrechtlichen Vorrechten beeinträchtigt wird? Liegt konkret ein genügendes Mass an Gleichheit vor, um *unter dem Aspekt der Sonderversammlung* einen Analogieschluss zu rechtfertigen?

a) Kriterium der Rechtsbeeinträchtigung

Die Sonderversammlung bildet - wie dargestellt - ein Forum, das in präzis umschriebenen Einzelfällen zur Wahrung des kollektiven Rechtsschutzes selbständig über eine Rechtsbeeinträchtigung entscheidet[45]. *Gleichermassen* wie der Vorzugsaktionär bei der Aufhebung seiner Vorrechte seiner privilegierten Rechtsstellung verlustig geht, erleidet auch der Stimmrechtsaktionär mit der Eliminierung des Stimmrechtsprivilegs einen Rechtsverlust. In beiden Situationen[46] führt der Rechtsabbau

---

43 Konkret von Art. 654 Abs. 2 und 3 OR.

44 Vgl. *Meier-Hayoz* N 346 zu Art. 1 ZGB.

45 Vgl. vorne sub I.3. auf Seite 18.

46 Unter der Voraussetzung allerdings, dass es sich bei den Vorrechten um einen totalen und nicht nur um einen partiellen Abbau handelt. Vgl. zu dieser Differenzierung schon vorne die Anm. 36.

dazu, dass die privilegierten Aktien (Vorzugsaktien bzw. Stimmrechtsaktien) in die Grundform der *Stammaktie* umgewandelt resp. zurückgeführt werden.

Beim Recht der Vorzugsaktie wird dieser Rechtsvorgang, aus welchem ein Wechsel der Aktienkategorie von der Vorzugsaktie zur Stammaktie resultiert, an das Erfordernis einer Sonderversammlung geknüpft (vgl. Art. 654 Abs. 3 OR)[47]. Steht nun bei der Stimmrechtsaktie ein solcher Kategorienwechsel zur Stammaktie zur Diskussion und fehlt *im Recht der Stimmrechtsaktie* eine Rechtsnorm, die diesen Rechtsvorgang regelt, erscheint es nicht abwegig, sich *an der entsprechenden Rechtsnorm im Recht der Vorzugsaktie* zu orientieren. Zumindest unter diesem Aspekt der Rechtsbeeinträchtigung würde sich demnach - analog zur Regelung bei der Vorzugsaktie - für die Ueberführung der Stimmrechtsaktie in eine Stammaktie die Einberufung einer speziellen Sonderversammlung rechtfertigen.

b)   Kriterium der Rechtsschutzbedürftigkeit

Drängt sich eine Sonderversammlung für beeinträchtigte Stimmrechtsaktionäre auch unter dem Aspekt der Rechtsschutzbedürftigkeit auf? Das Element der Rechtsschutzbedürftigkeit zeigt sich sehr ausgeprägt bei der Partizipantenversammlung nach Art. 656f Abs. 4 OR. Da den Partizipanten per definitionem kein Stimmrecht zukommen kann[48], können sie über die Beschränkung oder Aufhebung von Vorrechten oder statutarisch eingeräumten Mitwirkungsrechten nur dann autonom befinden, wenn ihnen für diesen Spezialfall ein sog. *Sonderstimmrecht*[49] eingeräumt wird. Die Sonderversammlung im Sinne der Partizipantenversammlung schöpft demnach ihre Legitimation aus dem Selbstschutzbedürfnis der Partizipantenstellung.

---

[47]   Vgl. dazu auch *Vogt* N 27 zu Art. 654 - 656 OR.

[48]   Vgl. Art. 656c Abs. 1 OR: "Der Partizipant hat kein Stimmrecht ..."

[49]   Siehe dazu *Böckli*, Aktienrecht, 139, N 492.

Aehnlich verhält sich die Sachlage beim Vorzugsaktionär. Da sich seine Privilegien lediglich auf der vermögensrechtlichen Basis niederschlagen, erzeugen sie für sich keinen mitwirkungsrechtlichen Selbstschutz. Ohne die Einrichtung der Sonderversammlung wäre der Vorzugsaktionär einer Beeinträchtigung seiner Rechtsstellung schutzlos ausgeliefert. Die Sonderversammlung hat folglich auch hier die Funktion, eingeräumte Rechtsprivilegien, die *keine inhärente Selbstschutzfunktion* aufweisen, zusätzlich zu schützen.

Zieht man nun *vergleichsweise* die Rechtssituation des Stimmrechtsaktionärs herbei, wird klar, dass dem *Stimmrechtsprivileg selber* bereits eine Selbstschutzfunktion eigen ist, indem die im Stimmrecht privilegierten Aktien in der Abstimmung über die Abschaffung des Stimmrechtsprivilegs *mit erhöhter Stimmkraft* zum Tragen kommen. *Das Stimmprivileg verfügt mithin über einen inhärenten Selbstrechtsschutz.*

Die Rechtssituation bei der Stimmrechtsaktie präsentiert sich demnach unter dem Gesichtspunkt der Rechtsschutzbedürftigkeit in einem anderen Licht als bei der Vorzugsaktie. Insofern drängt sich vom Rechtsschutzgedanken her eine analoge Anwendung der Rechtsnormen über die Vorzugsaktie *nicht* auf. Ist damit die Frage nach der juristischen Notwendigkeit einer Sonderversammlung definitiv entschieden?

5. Massgeblichkeit der Selbstschutzfunktion der Stimmrechtsaktie

Stimmrechtsaktionäre befinden sich im Gegensatz zu den Vorzugsaktionären oder den Partizipanten in einer privilegierten Ausgangslage, indem sie ihre *potenzierte Stimmkraft* auch in der Abstimmung über die Aufhebung des Stimmprivilegs einsetzen können[50]. Dieser Erkenntnis folgend drängt sich m.E.

---

[50] Die Bemessung des Stimmrechts nach der Zahl der Aktien bleibt nämlich gemäss Art. 693 Abs. 3 OR nur in vier Fällen ausgeschlossen: bei der Wahl der Revisionsstelle, bei der Ernennung von Sachverständigen zur Prüfung der Geschäftsführung oder einzelner Teile, bei der Beschlussfassung über die Einleitung einer Sonderprüfung und bei der Beschlussfassung über die Anhebung einer Verantwortlichkeitsklage.

für die Stimmrechtsaktionäre kein zusätzlicher Rechtsschutz in Form einer Sonderversammlung auf. Sie profitieren ohnehin schon von der Selbstschutzfunktion ihres Stimmprivilegs und sind daher als Kollektiv ausreichend geschützt, wenn sie in der Generalversammlung (sämtlicher Aktionäre) ihr erhöhtes Stimmengewicht in der entscheidenden Beschlussfassung über die Aufhebung des Stimmrechtsprivilegs in die Waagschale werfen können.

Die Durchführung einer speziellen Sonderversammlung mit selbständiger Beschlussfassungskompetenz der Stimmrechtsaktionäre kann daher keine condicio sine qua non für die rechtsgültige Aufhebung des Stimmprivilegs darstellen.

Das Zürcher Handelsgericht hat in einem kürzlich ergangenen Entscheid im Rahmen eines vorsorglichen Massnahmeverfahrens[51] in ähnlicher Argumentation entschieden, dass bei der Aufhebung von Stimmrechtsaktien *keine* spezielle Sonderversammlung für die beeinträchtigten Stimmrechtsaktionäre (Namenaktionäre) durchzuführen ist[52].

Kann auf die Durchführung einer Sonderversammlung verzichtet werden, wird die Generalversammlung nach der hier vertretenen Meinung die Aufhebung von Stimmrechtsaktien mit der absoluten Mehrheit der vertretenen Aktienstimmen beschliessen können (Art. 703 OR)[53]. Eine qualifizierte Mehrheit wird - zumindest ex lege - *lediglich für die Einführung*, nicht aber für die Aufhebung von Stimmrechtsaktien verlangt (Art. 704 Abs. 1 Ziff. 2 OR).

---

51 Vgl. generell zum Entscheid des Zürcher Handelsgerichts NZZ vom 9. Februar 1995. Dieser Entscheid wird in der SJZ 91 (1995) publiziert.

52 Zur Frage, mit welchem Quorum (absolutes Mehr nach Art. 703 OR oder qualifiziertes Mehr nach Art. 704 OR) die Generalversammlung sämtlicher Aktionäre die Aufhebung von Stimmrechtsaktien zu beschliessen hat, hat das Handelsgericht offen gelassen (dies brauchte auch im Rahmen eines vorsorglichen Massnahmeverfahrens nicht entschieden zu werden).

53 Gleicher Meinung *Länzlinger* N 9 zu Art. 693 OR.

Statutarisch hingegen kann für die Suspendierung von Stimm-rechtsaktien durchaus ein qualifiziertes Mehr im Sinne von Art. 704 OR verlangt werden.

Eine qualifizierte Mehrheit wird sodann auch dann erforderlich sein, wenn der Beschluss über die Aufhebung des Stimm-rechtsprivilegs mit anderen damit im Zusammenhang stehen-den Beschlussfassungsgegenständen verknüpft und in einem einheitlichen, nicht zerlegbaren Gesamtbeschluss gefasst wird und *zumindest eines* dieser Beschlussfassungselemente dem qualifizierten Mehr unterliegt[54].

---

[54] Dies ist bspw. dann der Fall, wenn im Zuge der Einführung einer Einheitsak-tie gleichzeitig mit der Suspendierung des Stimmrechtsprivilegs die statutari-sche Stimmrechtsbeschränkung aufgehoben wird und die Abschaffung dieser Stimmrechtsbegrenzung aufgrund einer statutarischen Bestimmung nur mit qualifiziertem Mehr nach Art. 704 OR erfolgen kann.

III. Umwandlung von Partizipationskapital in Aktienkapital - Notwendigkeit einer speziellen Partizipantenversammlung?

1. Ausgangssituation

a) Erfordernis einer statutarischen Umwandlungsklausel

Der in der Praxis generell feststellbare Trend zur Vereinfachung der Kapitalstruktur hat zunehmend auch zur Folge, dass Aktiengesellschaften mit Partizipationskapital diese Kapitalform in Aktienkapital überführen[55]. Aufgrund dieses Umwandlungsprozesses verlieren die bisherigen Partizipationsscheininhaber ihren Partizipantenstatus und erlangen im Gegenzug die Aktionärseigenschaft.

Das Gesetz äussert sich im Rahmen der kapitalmarktrechtlichen Bestimmungen in Art. 622 Abs. 3 OR zur Umwandlung von Namenaktienkapital in Inhaberaktienkapital und zur Umwandlung von Inhaberaktienkapital in Namenaktienkapital. Danach kann die Generalversammlung einen Wechsel in der Akti-

---

[55] Der Partizipationsschein hat seit der Einführung des revidierten Aktienrechts - obwohl dort erstmals legislatorisch verankert - seine ursprüngliche Attraktivität weitgehend eingebüsst. Dies ist namentlich darauf zurückzuführen, dass die Kapitalmarktinstrumente im neuen Aktienrecht flexibler ausgestaltet sind. Ins Gewicht fällt auch die Herabsetzung des Mindestnennwertes von Aktien von bislang Fr. 100.-- auf Fr. 10.--. Aktien mit bisherigem Nennwert von Fr. 100.-- lassen sich nun rein arithmetisch problemlos in solche von kleinerem Nennwert und damit leichterem Gewicht aufsplitten. Aktien mit kleinem Nennwert erfreuen sich insbesondere beim breiten Anlegerpublikum zunehmender Beliebtheit. Doch auch in ausländischen Investorenkreisen wird diese neue Tendenz im schweizerischen Kapitalmarkt positiv aufgenommen. Die Liquidität am Markt wird gesteigert, was sich stimulierend auf die Zirkulationsfähigkeit und Negoziabilität dieser Titel auswirkt. Angesichts dieser Entwicklungen erstaunt es kaum, dass der Partizipationsschein - zumindest heute - sozusagen als "out of business" eingestuft wird. Vgl. dazu auch *Forstmoser*, ST 11/94, 873; *Wohlmann*, SZW 4/91, 172 f.

enart[56] beschliessen, sofern die Statuten explizit eine *Umwandlungsklausel* vorsehen (Art. 622 Abs. 3 OR in Verbindung mit Art. 627 Ziff. 7 OR). Die Umwandlungsklausel gehört demnach zum bedingt notwendigen Statuteninhalt[57].

Der Fall der Umwandlung *von Partizipationsscheinen in Aktien* wird hingegen vom Gesetz nicht ausdrücklich geregelt.

Meines Erachtens wird aber auch für die Transformation des Partizipationskapitals in Aktienkapital - in analoger Anwendung von Art. 627 Ziff. 7 OR - eine statutarische Umwandlungsklausel unabdingbar sein[58].

b) Beobachtungen aus der Praxis

Vielfach - und dies bestätigt zumindest ein Quervergleich von Statuten schweizerischer Publikumsgesellschaften - figuriert in den Statuten von Aktiengesellschaften mit Partizipationskapital *keine* Klausel für eine Umwandlung des Partizipationskapitals in Aktienkapital[59]. Wird unter solchen Voraussetzungen dann trotzdem die Umwandlung von Partizipationsscheinen in Aktien beantragt und zuhanden der Generalversammlung traktandiert, behelfen sich diese Gesellschaften etwa damit, dass sie *unmittelbar vor* dem Umwandlungsbeschluss in der *identischen* Generalversammlung formell eine entsprechende Umwandlungsklausel in die Statuten aufnehmen. Die Besonderheit dieser Statutenänderung liegt darin, dass sie zwar öffentlich beurkundet, aber mangels beantragter Handelsregistereintragung gar nicht (gar nie) publik wird (Art. 647 OR). Solche Klauseln wer-

---

[56] Zum Begriff der Aktienart vgl. - neben dem Marginale zu Art. 622 OR - im speziellen Art. 622 Abs. 1 und 2 OR.

[57] Zum bedingt notwendigen Statuteninhalt vgl. *Forstmoser/Meier-Hayoz* 124 bei N 3 sowie 129 f. bei N 32 ff.

[58] Gleicher Meinung *Böckli*, Aktienrecht, 137, N 485 (sowie die Anm. 32). Vgl. auch *Wohlmann*, SZW 4/91, 171: "Ein Zwangsumtausch in Aktien ist ... dann möglich, wenn er in den Statuten vorgegeben ist."

[59] Dies wohl aus dem einfachen Grund, dass im Zeitpunkt der Errichtung des Partizipationskapitals der Fall der Umwandlung in Aktienkapital schlichtweg nicht bedacht wurde.

den vielmehr mit der beschlossenen Umwandlung des Partizipationskapitals obsolet, weshalb sie denn auch - zusammen mit den übrigen statutarischen Bestimmungen zum Partizipationskapital[60] - im Anschluss dieses Traktandums von der Generalversammlung mittels Beschluss wieder aus den Statuten eliminiert werden. Insofern existiert diese Klausel quasi nur für die juristische Sekunde des Umwandlungsbeschlusses.

2. Exkurs: Rechtswirksamkeit von Statutenänderungen

a) Problemstellung

Bei der juristischen Beurteilung dieser aus rein praktischen Gründen gewählten Vorgehensweise[61] stellt sich *generell* das Problem der *Rechtswirksamkeit von Statutenänderungen*. Konkret fragt sich, ob eine beschlossene Statutenänderung im Innenverhältnis schon mit der Beschlussfassung an sich oder erst mit dem Handelsregistereintrag wirksam wird.

b) Standpunkte in Judikatur und Literatur

Das *Bundesgericht* hat unter Hinweis auf den Wortlaut und die Entstehungsgeschichte von Art. 647 Abs. 3 OR diese Kontroverse in dem Sinne entschieden, dass der Beschluss im Innenverhältnis erst mit der Eintragung in das Handelsregister zu wirken beginnt[62]. Ansonsten - so das Bundesgericht - könne dem Terminus "auch" in Art. 647 Abs. 3 OR kein Sinn beigemessen werden. Das Bundesgericht räumt allerdings ein, dass

---

[60] Es sei denn, diese Gesellschaft möchte sich die Option für eine spätere Wiedereinführung eines Partizipationskapitals offenhalten.

[61] Die Alternative würde - sofern (wie nach der hier vertretenen Meinung) eine statutarische Umwandlungsklausel als unabdingbar erachtet wird - darin bestehen, dass zuerst eine statutarische Umwandlungsklausel geschaffen und *erst in einer späteren Generalversammlung* die Umwandlung formell beschlossen wird. Insofern erfolgte die *Aufnahme* der Umwandlungsklausel und der *Umwandlungsbeschluss*

dieser Grundsatz gewisse Ausnahmen erfahre, indem bspw. eine Generalversammlung, die eine Statutenänderung beschlossen hat, schon vor der Eintragung gestützt auf die neuen Bestimmungen Beschlüsse fassen und Wahlen vornehmen dürfe, wenn auch die Gültigkeit dieser Beschlüsse davon abhänge, dass die Statutenänderung nachträglich in das Handelsregister eingetragen werde. In diesem Lichte betrachtet attestiert das Bundesgericht diesen Beschlüssen im Innenverhältnis *schon vor* der Eintragung eine gewisse Wirkung[63].

Nach *Böckli* kann davon ausgegangen werden, dass diese Gesetzesbestimmung, die im revidierten Aktienrecht keine Aenderung erfahren hat, "weiterhin keine endgültige sofortige *interne Wirksamkeit* einer Statutenänderung unter den Aktionären und zwischen ihnen und der Gesellschaft selbst kennt"[64]. Konkret habe das zur Folge, dass in der Schwebezeit bis zur Eintragung unter den Aktionären "etwas vorerst provisorisch gilt, was gegenüber Dritten noch keine Geltung hat und schlimmstenfalls nach längerer Zeit auch unter den Aktionären, rückwirkend auf den Tag der Beschlussfassung, wieder aufgeboben wird"[65]. Insofern sei eine solche Statutenänderung *intern schwebend wirksam*.

Diese Ansicht wird in der Rechtsliteratur allerdings nicht durchwegs geteilt. So differenziert *Forstmoser* zwischen Statutenänderungen mit *reiner Innenwirkung* und solchen mit *Aussenwirkung*. Statutenänderungen mit reiner Innenwirkung sind dieser Theorie folgend solche, welche ausschliesslich die Rechtsstellung des Aktionärs und die Organisation der Gesellschaft betreffen. So kann etwa die statutenändernde Generalversammlung sofort gestützt auf die neuen Bestimmungen Beschlüsse fassen und Wahlen vornehmen[66]. Für Statutenänderungen mit reiner Innenwirkung ist symptomatisch, dass sie grundsätzlich

---

63   Vgl. dazu insbesondere *von Greyerz* 111 f.

64   Aktienrecht, 44, N 142.

65   Aktienrecht, 44, N 142.

66   Vgl. dazu im einzelnen *Forstmoser*, Aktienrecht, 181 bei N 111.

sofort nach der Beschlussfassung für anwesende wie abwesende Aktionäre rechtswirksam werden. Die Wirkungen sind allerdings rückgängig zu machen, falls die Eintragung dauernd unterbleibt. Bei den Statutenänderungen mit *Aussenwirkung* tritt die Wirksamkeit erst unmittelbar mit der Eintragung im Handelsregister ein. Als Statutenänderungen mit Aussenwirkungen werden etwa die Aenderung der Firma, der Ordnung der Vertretung und der Bekanntmachungen an Gläubiger bezeichnet.

Für eine sofortige Wirksamkeit von Statutenänderungen mit reiner Innenwirkung plädieren insbesondere auch *Siegwart*[67] sowie *Werner von Steiger.* Letzterer hält fest, dass die konstitutive Wirkung der Eintragung nur gegenüber Dritten gilt und die Rechtssicherheit keineswegs verlange, dass der statutenändernde Beschluss auch *gesellschaftsintern* erst mit der Eintragung wirksam werde[68].

c) Zulässigkeit temporären Statutenrechts?

Die Meinungen zur Rechtswirksamkeit von Statutenänderungen sind mithin geteilt. Lediglich insofern lässt sich eine gemeinsame Stossrichtung erkennen, als statutenändernden Beschlüssen im Innenverhältnis schon vor der Eintragung im Handelsregister *eine gewisse Wirksamkeit* attestiert wird.

Der vorliegende Fall - Aufnahme einer Klausel zum Zwecke der Umwandlung des Partizipationskapitals - charakterisiert sich nun allerdings durch eine Besonderheit, die für statutenändernde Beschlüsse geradezu atypisch ist: Der Generalversammlungsbeschluss auf Einführung einer Umwandlungsklausel zum Zwecke der Aufhebung des Partizipationskapitals wird beim Handelsregisteramt nicht angemeldet und kann folglich auch die durch die Handelsregisterpublizität bewirkte Aussenwirkung[69] nicht erzielen. Die Generalversammlung schafft dem-

---

67 N 12 zu Art. 657 OR.

68 Vgl. ZBJV 96 (1960) 7 ff.

69 Vgl. dazu Art. 647 Abs. 3 OR.

nach lediglich temporäres, nicht für die Handelsregisterpublizität bestimmtes Statutenrecht[70] .

Können bereits *zeitlich nicht befristete* Statutenbestimmungen - wie gesehen - intern rechtlich wirksam werden, bevor sie publiziert werden, muss dies a fortiori für statutenändernde Beschlüsse gelten, die für den beschränkten Zeitraum einer Generalversammlung als Rechtsgrundlage für weitere Beschlussfassungen dienen und keine auf Dauer gerichtete Funktion erfüllen. Solche statutenändernden Beschlüsse sind von vornherein für die Handelsregisterpublizität *nicht bestimmt*, weil sich ihr Zweck mit ihrer Inanspruchnahme unmittelbar erschöpft und sie daher nach aussen hin gar keine Rechtswirksamkeit beanspruchen. Auch vom Gedanken der Rechtssicherheit oder des Verkehrsschutzes her[71] drängt sich beim lediglich temporär wirksamen Statutenrecht *gerade wegen der Einmaligkeit ihrer Inanspruchnahme* keine andere Konklusion auf. Die Generalversammlung wird daher mit Blick auf die Schaffung neuen Statutenrechts[72] eine lediglich temporäre, aber sofort wirksame statutarische Grundlage rechtsgültig beschliessen[73] und diese

---

[70]   Die Einrichtung des temporären, d.h. zeitlich befristeten Statutenrechts, findet sich im übrigen in Art. 651 OR. Danach ist die statutarische Grundlage für die Schaffung des autorisierten Kapitals nach Ablauf der zweijährigen Frist für die Durchführung der Kapitalerhöhung auf Beschluss des Verwaltungsrates wieder aus den Statuten zu streichen (vgl. Art. 651a Abs. 2 OR). Insofern kennt also das Aktienrecht temporäres Statutenrecht, wenngleich diese auf Art. 651 OR basierende Statutenbestimmung - im Gegensatz zum hier vorliegenden Fall - im Handelsregister publiziert wird (werden muss).

[71]   Gesichtspunkte, die zumindest bei den zeitlich nicht befristeten Statutenbestimmungen tendenziell gegen eine sofortige interne Wirksamkeit von statutenändernden Beschlüssen sprechen.

[72]   In concreto die mit der Umwandlung von Partizipationskapital in Aktienkapital automatisch verbundene Aktienkapitalerhöhung (Kapitalerhöhung aus Eigenkapital).

[73]   In concreto die Beschlussfassung auf Aufnahme einer Umwandlungsklausel.

nach (der einmaligen) Inanspruchnahme mittels Beschluss wieder kassieren können[74 , 75].

In der Praxis dürften solche Fälle von temporärem, nicht publik werdendem Statutenrecht allerdings selten auftreten. Insofern handelt es sich beim temporär wirksamen Statutenrecht um eine Ausnahmesituation, weshalb denn auch mit Blick auf den Regelfall keine falschen Rückschlüsse gezogen werden dürfen.

3. Keine rechtlich relevante Rechtsbeeinträchtigung

a) Substantieller Rechtszuschuss

Wir haben Sonderversammlungen als dispositive, aus Vorzugsaktionären oder Partizipanten zusammengesetzte Spezialgremien definiert, die in präzis umschriebenen Einzelfällen zur Wahrung des kollektiven Rechtsschutzes neben der Generalversammlung aller Aktionäre mit selbständiger Beschlussfassungskompetenz über eine Rechtsbeeinträchtigung entscheiden[76]. Sonderversammlungen erfüllen mithin eine *Schutzfunktion bei Rechtsbeeinträchtigungen*.

Wer die Metamorphose juristisch untersucht, die ein Partizipant im Rahmen des Umwandlungsprozesses zum Aktionär durchläuft, stellt fest, dass der Partizipant einen eigentlichen Quantensprung vollzieht: *Vor* dem Umwandlungsschritt verfügt der Partizipant über ein Beteiligungspapier, das den Aktien zwar vermögensrechtlich gleichgestellt ist[77], dem aber zwingend

---

[74] In concreto die Beschlussfassung auf Aufhebung der in der gleichen Generalversammlung beschlossenen Umwandlungsklausel.

[75] Selbstverständlich unter dem Vorbehalt der korrekten Einberufung der Generalversammlung und der formgerechten Traktandierung dieser Statutenänderung (vgl. Art. 699 und 700 OR).

[76] Vgl. vorne sub I.3. auf Seite 18.

[77] Vgl. Art. 656f Abs. 1 OR. Existieren mehrere Kategorien von Aktien, müssen die Partizipationsscheine zumindest jener Kategorie gleichgestellt sein, die am wenigsten bevorzugt ist (vgl. dazu u.a. *Böckli*, Aktienrecht, 137, N 482 ff.).

kein Stimmrecht und dispositiv auch kein mit dem Stimmrecht zusammenhängendes Mitwirkungsrecht zukommt[78]. *Nach voll-zogener Umwandlung präsentiert sich der vorherige Partizipant als Beteiligter mit Aktionärsstatus[79]*.

Der Partizipant erfährt demnach in seiner Rechtsstellung eine qualitative Aufwertung, weil ihm mit der Umwandlung Mitwir-kungsrechte eingeräumt werden. Selbst wenn dem Partizipan-ten schon vor dem Umwandlungsschritt im Rahmen von Art. 656c Abs. 2 OR statutarische Mitwirkungsrechte zukamen, re-sultiert für ihn mit der Gewährung des wichtigsten Mitwirkungs-rechts, dem Stimmrecht, ein *substantieller Rechtszuschuss*.

Denkbar bleibt, dass der ehemalige Partizipant - im Fall der Umwandlung des Partizipationskapitals in *Namen*aktienkapital - zwar auf die Aktivierung des Stimmrechts verzichtet, indem er - aus welchen Motiven auch immer - kein Anerkennungsgesuch stellt. Doch auch in dieser Situation wird der Partizipant Aktio-när, nämlich Dispo-Aktionär, und es steht in dessen Machtbe-reich, sich mit einem späteren Gesuch um Anerkennung die

---

78   Vgl. Art. 656c Abs. 1 und 2 OR. Siehe dazu insbesondere *Zindel* 210.

79   Beim Aktionärsstatus gilt es im einzelnen zwischen dem Vollaktionär, dem Aktionär ohne Stimmrecht und dem Dispo-Aktionär zu differenzieren. Diese Unterscheidung wird lediglich bei der Namenaktie relevant; bei der Inhaber-aktie erfolgt die Legitimation aus dem Besitz der Aktie (vgl. statt vieler *Maute* 28; *von Büren*, ZBJV 131 (1995) 90). Der Vollaktionär charakterisiert sich dadurch, dass er ein Anerkennungsgesuch gestellt hat und von der Ge-sellschaft akzeptiert worden ist. Aktionäre ohne Stimmrecht sind "diejenigen Erwerber vinkulierter Namenaktien, deren Anerkennungsgesuch von der Ge-sellschaft *abgewiesen* oder von ihr noch nicht behandelt worden ist oder die nach erfolgter Eintragung im Aktienbuch nachträglich wieder gestrichen worden sind" (vgl. *Zindel* 201 f.). Als Dispo-Aktionäre sind schliesslich jene Aktionäre einzustufen, die die Aktien erworben, aber noch kein Anerken-nungsgesuch bei der Gesellschaft eingereicht haben oder von der Stellung ei-nes solchen - aus welchen Motiven auch immer - vorläufig oder definitiv Abstand genommen haben (vgl. *Zindel* 202f.; siehe auch *Böckli*, Aktienrecht, 183, N 651, wonach das Gesetz für die Stellung eines Anerkennungsgesuches keine Verwirkungsfrist kennt).

Rechtsposition als Vollaktionär zu sichern[80]. Insofern erwirbt dieser Partizipant eine *jederzeit einlösbare Option auf das Stimmrecht.*

Unabhängig von der konkreten Konstellation des Einzelfalles bewirkt der Umwandlungsprozess beim Partizipanten folglich einen Rechtszuwachs[81]. Damit liegt aber eine Rechtssituation vor, die für den Tatbestand der Sonderversammlung geradezu

---

[80] In den Umwandlungsbedingungen wird den Inhabern von Partizipationsscheinen - wenn diese in Namenaktien gewandelt werden - regelmässig der vollständige Eintrag im Aktienregister - unter Vorbehalt der statutarischen Eintragungsbestimmungen - zugesichert. Der bisherige Partizipant wird daher vollberechtigter Aktionär, d.h. - im Gegensatz zum Aktionär ohne Stimmrecht oder zum Dispo-Aktionär (zu dieser Unterscheidung vgl. vorne unter Anm. 79) - Aktionär *mit Stimmrecht.*

[81] Interessant bleibt in diesem Zusammenhang allerdings noch die Frage, ob ein Dispo-Aktionär, welcher sich der Gesellschaft gegenüber per definitionem nicht zu erkennen gibt, wenigstens Vermögensrechte (namentlich das Dividendenrecht und das Bezugsrecht) geltend machen kann. Wer im Aktienbuch nicht eingetragen ist (weder als Aktionär mit Stimmrecht noch als Aktionär ohne Stimmrecht), wird "im Verhältnis zur Gesellschaft *nicht* als Aktionär behandelt" (vgl. *Böckli*, Aktienrecht, 189, N 671; siehe auch *von Büren*, ZBJV 131 (1995) 69). Der Dispo-Aktionär kann folglich der Gesellschaft gegenüber (auch) keine Vermögensrechte geltend machen (vgl. *du Pasquier/Oertle* N 9 zu Art. 685f OR), es sei denn, das Dividenden- oder Bezugsrecht sei durch Inhabercoupons verbrieft (so *Böckli*, Aktienrecht, 189, N 671). Angesichts dieser Rechtslage liegt es wohl im ureigensten Interesse des ehemaligen Partizipanten, zur Vermeidung eines solchen Rechtsverlusts ein Anerkennungsgesuch zu stellen. Aus dem Zusammenwirken von Art. 685f OR und Art. 686 Abs. 4 OR wird denn auch von einer "*Obliegenheit*" des Erwerbers gesprochen, sich bei der Gesellschaft zu melden (vgl. *Böckli*, Aktienrecht, 189, N 672). Verzichtet der Dispo-Aktionär auf die Einreichung eines Anerkennungsgesuches, erfährt er mithin - verglichen mit seinem vorherigen *vermögensrechtlichen* Status als Partizipant - eine Rechtsbenachteiligung. Da er diese aber mit dem Stellen eines Anerkennungsgesuches jederzeit abwenden kann, stellt diese Benachteiligung keine rechtlich relevante Rechtsbeeinträchtigung dar. Jedenfalls lässt sich aus dieser Situation kein Fall für eine Sonderversammlung (Notwendigkeit einer Partizipantenversammlung) konstruieren.

atypisch ist[82]. Dem Partizipanten widerfährt mit dem Umwandlungsschritt eben gerade kein Rechtsnachteil im Sinne eines Rechtsverlusts oder einer Rechtsbeschränkung.

Bei der Umwandlung des Partizipationskapitals in Aktienkapital braucht daher eine spezielle Partizipantenversammlung *nicht* einberufen zu werden. Die Generalversammlung aller Aktionäre wird mithin in alleiniger und ausschliesslicher Kompetenz rechtsgültig die Umwandlung des Partizipationskapitals beschliessen können.

b)   Aspekt der Anonymität

Dem könnte nun allenfalls entgegengehalten werden, dass - dies zumindest bei der Umwandlung von Inhaber-Partizipationsscheinen[83] in Namenaktien[84] - der bisherige Partizipant mit dem Umwandlungsprozess die Anonymität seiner Rechtsposition verliert[85]. Ganz abgesehen davon, dass im Aktienrecht

---

[82]   Vgl. in diesem Zusammenhang *Vogt* N 29 zu Art. 656a OR (im Rahmen der Kommentierung der Artikel zur Vorzugsaktie). Danach ist keine Zustimmung einer Sonderversammlung der Vorzugsaktionäre erforderlich, soweit durch die Aenderung die Rechtsstellung der Vorzugsaktionäre verbessert wird (bspw. Erhöhung der Vorzugsdividende) oder zumindest keine Verschlechterung erfährt.

[83]   In aller Regel ist der Partizipationsschein als Inhaberpapier konzipiert. Vgl. dazu *Wohlmann*, SZW 4/91, 171. Siehe auch *Böckli*, Aktienrecht, 138 bei N 488: "Fast alle Partizipationsscheine lauten ... auf den Inhaber. Frei übertragbare Namen-Partizipationsscheine - vor allem als unverbriefte Wertrechte - sind indes ohne weiteres möglich."

[84]   Viele Gesellschaften wandeln ihre auf den Inhaber lautenden Partizipationsscheine allerdings meist in Inhaberaktien (und eher seltener in Namenaktien) um. Werden aber Inhaber-Partizipationsscheine in Inhaberaktien gewandelt, stellen sich unter dem Aspekt der Anonymität keine speziellen Rechtsfragen, da die Anonymität der Beteiligung gewahrt bleibt.

[85]   Anonymität in dem Sinne verstanden, dass aus Sicht des Investors bei Inhaberpapieren - dies im Unterschied zu Namenaktien mit dem Anerkennungsgesuch - der Gesellschaft gegenüber die persönliche Identität nicht offenbart werden muss. Vgl. in diesem Zusammenhang *von Büren*, ZBJV 131 (1995) 90 (und dort auch die Anm. 163).

kein absolutes Recht auf Anonymität existiert[86], lässt sich der Aspekt der Anonymität mit Blick auf Art. 656f Abs. 4 OR weder als schützenswertes Vorrecht[87] noch als statutarisches Mitwirkungsrecht[88] einstufen. Verkörpert die Anonymität kein schützenswertes Privileg und stellt die Aufhebung der Anonymität für den betroffenen Partizipanten auch keine rechtlich relevante Rechtsbeeinträchtigung dar, braucht der Umwandlungsbeschluss vom Inhaber-Partizipationsschein in die Namenaktie auch nicht speziell einer Sonderversammlung der betroffenen Partizipanten vorgelegt zu werden[89]. Im übrigen könnte ein Partizipant - im Sinne des "Selbstschutzes" - durch Nichtstellen des Anerkennungsgesuches als Dispo-Aktionär den Zustand der Anonymität auch unter dem Aktionärsstatus aufrechterhalten[90]. Insofern ist der Inhaber von Inhaber-Partizipationsschei-

---

[86] Vgl. hierzu speziell *Zobl*, SZW 2/92, 55 f. (insbesondere auch dessen Anm. 66). Im Rahmen der dortigen Abklärungen wird untersucht, ob dem Aktionär *im Zusammenhang mit der Einblicknahme ins Aktienbuch* ein Recht auf Anonymität seiner Aktionärsstellung zusteht. Danach wird die Wahrung der Anonymität der Aktionärsstellung aus persönlichkeitsrechtlichen Ueberlegungen zwar als schützwürdiges Diskretionsinteresse dargestellt (vgl. auch *Eric Homburger*, SJZ 67 (1971) 252 - allerdings bei der Behandlung der Durchgriffsproblematik), welches aber nicht absoluter Art ist, sondern durch die subjektiven Verhältnisse des Auskunftssuchenden relativiert wird. So wird dem Mitaktionär der Gesellschaft gegenüber ein Auskunftsrecht auf Offenlegung der Aktionärsstellung zugestanden, "wenn dessen Interessen höher einzustufen sind" (vgl. *Zobl*, a.a.O., 56). Vgl. diesbezüglich auch *Druey*, SAG 56 (1984) 107.

[87] Zu möglichen Vorrechten vgl. die Aufzählung in Art. 656 Abs. 2 OR.

[88] Zu den statutarisch einräumbaren Mitwirkungsrechten vgl. die Aufzählung in Art. 656c Abs. 2 OR.

[89] Vgl. mit Bezug auf die Zurückbezahlung und Vernichtung von Partizipationsscheinen *Böckli*, Aktienrecht, 136 bei N 481 (und dort auch die Anm. 29). Danach braucht es für diese Situation die Zustimmung einer Sonderversammlung, ausser es sei in den Statuten verankert, dass die Aktionäre die Partizipationsscheine allein durch Herabsetzungsbeschluss, ohne entsprechende Herabsetzung auch des Aktienkapitals, zurückrufen können.

[90] Für diesen Fall vgl. aber die Ausführungen vorne unter Anm. 81.

nen dem Wandlungsprozess unter dem Gesichtspunkt der Anonymität nicht schutzlos ausgeliefert.

IV. Durchführung einer Sonderversammlung in der Praxis

1. Vorbemerkung

Nachdem nun das sachliche Anwendungsgebiet für Sonderversammlungen *weitgehend*[91] behandelt worden ist[92], erscheint es naheliegend, den Mechanismus einer solchen Sonderversammlung praktisch zu illustrieren.

Die Kapitalmarktpraxis zeigt, dass relativ selten Fälle aus dem sachlichen Anwendungsgebiet der Sonderversammlung zu konstatieren sind, weder im Zusammenhang mit Vorzugsaktien (Art. 654 Abs. 2 und 3 OR) noch im Zusammenhang mit Partizipationsscheinen (Art. 656f Abs. 4 OR). Interessanterweise haben die Sonderversammlungen dort ihre breiteste und prominenteste Verwendung gefunden, wo sie - zumindest nach der hier vertretenen Ansicht - streng juristisch betrachtet gar nicht

---

[91] Gelegentlich wird auch Art. 709 OR als Anwendungsfall für eine Sonderversammlung angesprochen. Danach soll der verbindliche Wahlvorschlag einer Aktionärskategorie für eine Vertretung im Verwaltungsrat zu Handen der Generalversammlung in einer Sonderversammlung (analog zu Art. 654 Abs. 2 OR) erfolgen (vgl. dazu *Wernli* N 13 zu Art. 709 OR). Allerdings handelt es sich hierbei nicht um einen typischen Fall einer Sonderversammlung, weil - zum einen - nicht eine Rechtsbeeinträchtigung droht, sondern vielmehr die Wahrnehmung eines Rechts im Rahmen des Kategorienschutzes im Zentrum steht. Auch ist - zum andern - die Generalversammlung in ihrer Entscheidung insofern nicht frei, als sie den von der Sonderversammlung vorgeschlagenen Kandidaten nur aus wichtigen Gründen ablehnen kann (vgl. dazu u.a. *Böckli*, Aktienrecht, 404, N 1477). Sollte die Ablehnung des vorgeschlagenen Kandidaten ohne wichtigen Grund erfolgen, muss die Generalversammlung nach BGE 66 II 43 ff. die Wahl vornehmen, d.h. das Urteil des Richters tritt an die Stelle des Generalversammlungsbeschlusses (mithin liegt keine klassische Doppelbeschlussituation im Sinne des Rechts der Sonderversammlung vor).

[92] Nach dem bislang Ausgeführten bilden - neben den dargestellten Situationen bei der Vorzugsaktie und beim Partizipationsschein - die Aufhebung von Stimmrechtsaktien sowie die Umwandlung von Partizipationskapital in Aktienkapital keine zusätzlichen Szenarien für eine Sonderversammlung.

notwendig sind: bei Kapitalrestrukturierungen, die aufgrund der Einführung von Einheitsaktien mit der Aufhebung von Stimmrechtsaktien verbunden sind. Vielfach wird in solchen Situationen neben der Generalversammlung sämtlicher Aktionäre zusätzlich - *aus welchen Motiven auch immer* - auch noch eine Sonderversammlung der betroffenen Stimmrechtsaktionäre einberufen, damit diese in separater Beschlussfassung über die Aufhebung ihres Stimmrechtsprivilegs selbständig befinden können[93].

Den Unternehmen bleibt es selbstverständlich anheimgestellt, diesen Weg zu beschreiten. Verpflichtet sind sie dazu allerdings nicht. Sie *dürfen* - mit anderen Worten - eine Sonderversammlung (im Sinne eines juristischen Plus) einberufen, sie *müssen es aber nicht.*

Die Tatsache, dass Sonderversammlungen *vor allem* bei der Einführung von Einheitsaktien auftauchen und der vorliegende Abschnitt auch eine Anleitungshilfe *für die Praxis* bieten möchte, scheint es zu rechtfertigen, den konkreten Ablauf einer Sonderversammlung gerade an diesem Beispiel darzustellen[94].

2. Konkreter Sachverhalt und Rechtsfragen

a) Sachverhalt

Unseren Gedanken legen wir eine in der Praxis verbreitete Modellsituation zugrunde: Eine Aktiengesellschaft weist vor der Kapitalrestrukturierung zwei Titelkategorien auf:

- Inhaberaktien à Fr. 100.-- nom.

- Namenaktien in Form von Stimmrechtsaktien à Fr. 25.-- nom.

---

93   Vgl. dazu die in Anm. 21 zusammengestellte Liste von Fällen, in denen effektiv eine Sonderversammlung durchgeführt wurde.

94   Mit Nachdruck sei aber nochmals vermerkt, dass nach der in dieser Schrift vertretenen Ansicht dazu keine juristische Notwendigkeit besteht, d.h. die Nichtdurchführung einer Sonderversammlung kann keine Rechtsverletzung bedeuten.

Geplant ist die Umwandlung der bisherigen Inhaberaktien à Fr. 100.-- nom. in Namenaktien à Fr. 100.-- nom. sowie der anschliessende Split der (neuen) Namenaktien à Fr. 100.-- in vier Namenaktien à Fr. 25.-- nom.

Aus dieser Transaktion resultiert als einzige Titelkategorie eine *Einheitsnamenaktie*[95]. Mit der Einführung der Einheitsnamenaktie ist automatisch der Wegfall der Stimmrechtsaktien und damit die Aufhebung des Stimmrechtsprivilegs der bisherigen Namenaktionäre verbunden.

b) Rechtsfragen

Mit diesem Sachverhalt sind diverse Rechtsfragen verknüpft. Im Vordergrund - und hier speziell zu thematisieren - sind insbesondere die nachfolgenden Problemfelder:

- Welches ist der Beschlussgegenstand (Traktandum) einer solchen Sonderversammlung (nachfolgend sub IV.3.)?
- Wie ist die Sonderversammlung in die Generalversammlung zu integrieren (Aspekt der zeitlichen Abfolge; dazu IV. 4.)?
- Welches Beschlussquorum ist in der Sonderversammlung massgebend (IV.5.)?
- Inwieweit gelten eventuelle statutarische Stimmrechtsbeschränkungen auch für den Spezialfall der Sonderversammlung (IV.6.)?

3. Traktandum der Sonderversammlung

a) Technischer Ablauf der Transaktion

Um überhaupt den Hintergrund der Rechtsfrage erfassen zu können, welche Beschlusskompetenzen der Sonderversammlung zustehen, gilt es die im Visier stehende Transaktion kurz

---

[95] Vgl. bspw. das Kapitalumstrukturierungskonzept der Siegfried AG, Zofingen, in NZZ vom 23. Juni 1994, 40 (dort wurde im Zuge der Einführung der Einheitsnamenaktie zusätzlich auch noch der Partizipationsschein aufgehoben).

zu analysieren. Basierend auf unserem eingangs geschilderten Beispiel vollzieht sich der Kapitalumstrukturierungsprozess in zwei Ablaufschritten (die Reihenfolge der Phasen wird gesetzlich nicht vorgeschrieben und könnte daher auch umgekehrt, d.h. anders als nachfolgend geschildert erfolgen):

In einer *ersten Phase* wird über den Antrag des Verwaltungsrates auf Umwandlung der bisherigen Inhaberaktien à Fr. 100.-- nom. in Namenaktien à Fr. 100.-- nom. entschieden. Eine solche Beschlussfassung ist nur möglich, wenn die Statuten eine entsprechende Umwandlungsklausel vorsehen (Art. 622 Abs. 3 OR in Verbindung mit Art. 627 Ziff. 7 OR). Aus diesem Umwandlungsbeschluss resultiert - als Folge der Elimination der Inhaberaktie - als einzige Aktienart die Namenaktie. Nach dem ersten Kapitalumstrukturierungsschritt existiert allerdings *noch keine Einheitsnamenaktie*, da neben der - mit der Umwandlung neu geschaffenen - Namenaktie à Fr. 100.-- nom. weiterhin auch noch als Stimmrechtsaktien konzipierte Namenaktien à Fr. 25.-- nom. figurieren. Diese Stimmrechtsaktien werden in ihrem Stimmrechtsprivileg durch den Umwandlungsbeschluss nicht tangiert. Die Umwandlung führt zu keiner Akzentverschiebung im bisherigen Stimmkraftverhältnis unter den Aktionären, sondern dient lediglich der Vereinfachung (Vereinheitlichung) der Aktienkapitalstruktur. Die Aktionärstellen bleiben demzufolge nach dieser ersten Phase stimmen- und nennwertmässig unverändert.

In einer *zweiten Phase* steht der Antrag des Verwaltungsrates auf Split (Zerlegung) der neuen Namenaktien à Fr. 100.-- nom. in vier Namenaktien à Fr. 25.-- nom. zur Diskussion. Gemäss Art. 623 Abs. 1 OR kann bei unverändert bleibendem Aktienkapital durch die Schaffung von Aktien mit kleinem Nennwert die Summe der Aktionärstellen und damit die Stimmrechtsbasis vergrössert werden. Aktionären, denen bislang kraft ihrer einzigen Aktie *eine* Stimme zukam, steht nach dem Aktiensplit bei gleichem Kapitaleinsatz eine multiplizierte - im vorliegenden Modellfall vierfache - Stimmkraft zu. Im gleichen Atemzug verlieren die bisherigen Stimmrechtsaktionäre ihr Stimmrechtsprivileg, und zwar deshalb, weil nun die übrigen Aktionäre bei gleicher Kapitalinvestition über eine identische Stimmkraft wie die Stimmrechtsaktionäre verfügen können[96].

Das Ergebnis des Transaktionsschritts bildet demnach eine Einheitsnamenaktie, die sich dadurch charakterisiert, dass jede Aktie die gleiche Relation zwischen Kapitaleinsatz und Stimmrecht aufweist. Durch die Aufhebung der Stimmrechtsbegünstigung erleiden die Stimmrechtsaktionäre eine Stimmkraftverwässerung, weil sich ihr Stimmenanteil im Verhältnis zur Gesamtstimmenzahl durch den Zuwachs neuer Stimmen, der durch den Aktiensplit entstanden ist, verringert hat. Der Status des Stimmrechtsaktionärs wird somit mit der zweiten Phase ersatzlos aufgehoben.

b) Zustimmungsbeschluss der Sonderversammlung zum Aktiensplit

Aus der Analyse des technischen Ablaufs der Kapitalumstrukturierung erhellt, dass die Rechtsstellung der Stimmrechtsaktionäre ausschliesslich durch den Aktiensplit (zweite Phase des Umstrukturierungsprozesses) eine ins Gewicht fallende Veränderung erfahren hat.

Die blosse Kapitalumwandlung des Inhaberaktienkapitals (erste Phase des Umstrukturierungsprozesses) zeigt keine Auswirkungen auf den Rechtsstatus der Stimmrechtsaktionäre. Der Umwandlungsbeschluss fällt denn auch (ohne zusätzlichen Separatbeschluss durch die Sonderversammlung der Stimm-

---

[96] Vgl. in diesem Zusammenhang auch *Tanner* 212 bei N 29. Aus einem Kapitaleinsatz von Fr. 100.-- resultieren in casu nach dem Aktiensplit unterschiedslos vier Aktienstimmen; denkbar - im hier zu beurteilenden Fall allerdings nicht vorliegend - ist auch die Variante, dass der Nennwert der Einheitsnamenaktie nicht identisch ist mit dem Nennwert der bisherigen Stimmrechtsaktien, d.h. es würden demnach neben den Stammaktien auch die Stimmrechtsaktien dem Splitverfahren unterliegen, so beispielsweise bei der Kapitalumstrukturierung der Siegfried AG, Zofingen, wo u.a. die bisherigen Namenaktien (Stimmrechtsaktien) à Fr. 100.-- nom. in zwei neue Namenaktien à Fr. 50.-- nom. und die bisherigen Inhaberaktien (Stammaktien) à Fr. 200.-- nom. - nach der Umwandlung in Namenaktien - in vier neue Namenaktien à Fr. 50.-- nom. umgetauscht wurden.

rechtsaktionäre) in die *ausschliessliche und alleinige* Kompetenz der Generalversammlung und kann - unter dem Vorbehalt einer abweichenden statutarischen Regelung - mit der absoluten Mehrheit der vertretenen Aktienstimmen gefasst werden (Art. 703 OR).

Differenziert verhält es sich aber mit der Beschlussfassung auf Split der Namenaktien. Dieses Traktandum fällt zwar wiederum in den Kompetenzbereich der Generalversammlung, welche auch diesen - die Stimmrechtsaktien eliminierenden - Beschluss mit der absoluten Mehrheit der an der Generalversammlung vertretenen Aktienstimmen fasst (Art. 703 OR)[97, 98]. Wird nun - obwohl juristisch nicht zwingend - gleichzeitig eine Sonderversammlung einberufen, wird dieser als *einziges und ausschliessliches* Traktandum dieser Antrag des Verwaltungsrates auf Split der Namenaktie vorzulegen sein. Die Stimmrechtsaktionäre erhalten dadurch die Möglichkeit, unabhängig von der Beschlussfassung durch die Generalversammlung in eigener Kompetenz über das Schicksal ihrer Rechtsstellung zu debattieren und zu entscheiden. Insofern, d.h. wenn eine Sonderversammlung durchgeführt wird, unterliegt *auch die Aufhebung* der Stimmrechtsaktien einer qualifizierten Beschlussfassung, indem neben der Generalversammlung sämtlicher Aktionäre auch der Sonderversammlung der Stimmrechtsaktionäre die Kompetenz zusteht, autonom über den Split der Namenaktie in separater Abstimmung zu befinden. So gesehen braucht es für den Aktiensplit einen Doppelbeschluss[99].

---

97   Gleicher Meinung *Böckli*, Aktienrecht, 383 bei N 1409.

98   Im Gegensatz dazu - wie bereits früher dargestellt - bedarf die *Einführung* von Stimmrechtsaktien gemäss Art. 704 Abs. 1 Ziff. 2 OR der Zustimmung von mindestens zwei Dritteln der vertretenen Stimmen und der absoluten Mehrheit der vertretenen Aktiennennwerte.

99   Vgl. diesbezüglich *Böckli*, Aktienrecht, 383 bei Anm. 177 (dies allerdings im Widerspruch zu seiner Aussage unter 98 bei Anm. 57).

4. Integration der Sonderversammlung in die Generalversammlung

a) Konkreter Phasenablauf

Sofern eine Sonderversammlung einberufen wird, ist mithin für den Split der Namenaktien ein Doppelbeschluss, d.h. die Zustimmung von zwei separaten Beschlussgremien erforderlich. Es rückt nun die Frage ins Zentrum, wie dieser Verfahrensmechanismus konkret zu praktizieren ist.

Die Suche nach einem Patentrezept wird durch die Feststellung erleichtert, dass die Akteure der Sonderversammlung *zumindest teilweise* mit den Akteuren der Generalversammlung identisch sind: In beiden Beschlussgremien sind die Stimmrechtsaktionäre stimmberechtigt. Angesichts dieser Konstellation erscheint es naheliegend, die Sonderversammlung der betroffenen Stimmrechtsaktionäre nicht separat einzuberufen, sondern in den Ablauf der (ordentlichen oder ausserordentlichen) Generalversammlung zu integrieren[100]. Konkret kann sich die hier diskutierte Kapitalneustrukturierung prozedural nach folgendem Schema abwickeln:

- In einem ersten Schritt - entspricht der ersten Phase des technischen Ablaufs der Transaktion - erfolgt die Beschlussfassung der Generalversammlung sämtlicher Aktionäre auf Umwandlung der Inhaberaktien in Namenaktien.

- Die zweite Phase, der Split der Namenaktien, vollzieht sich in zwei Teilschritten (die Reihenfolge dieser zwei Teilschritte ist wiederum - wie bereits schon bei der Reihenfolge bei der Umwandlung und beim Split der Aktien festgestellt - gesetzlich nicht vorgeschrieben und daher durchaus variabel):

---

[100] Anderer Ansicht wohl Tanner 211 bei N 27. Die Autorin plädiert zwar dafür, die Sonderversammlung in demselben Raum unter Anwesenheit der Stammaktionäre durchzuführen, will aber diese Versammlung "unmittelbar vor oder nach der GV" abhalten. Vgl. dazu schon vorne die Anm. 18.

- Zuerst beschliesst die Sonderversammlung der Stimmrechtsaktionäre über den Antrag des Verwaltungsrates
  auf Split der Namenaktien.

- Unmittelbar anschliessend - mithin innerhalb des gleichen Traktandums der Tagesordnung - wird die Generalversammlung sämtlicher Aktionäre *und damit unter
  Einschluss der Stimmrechtsaktionäre* ihrerseits den
  Split der Namenaktien zu sanktionieren haben.

Der vorgängig von der Sonderversammlung gefasste Beschluss auf Split der Namenaktien kann für sich allein wegen
des Erfordernisses der Zustimmung durch die Generalversammlung (Doppelbeschluss) keine rechtlichen Wirkungen erzeugen. Er ist vielmehr suspensiv bedingt, d.h. er steht unter
der aufschiebenden Bedingung des nachträglichen Zustim-
mungsentscheids der Generalversammlung sämtlicher Aktionäre[101]. Andererseits würde - ist gleichzeitig noch eine Sonderversammlung einberufen worden - auch der Beschluss der Generalversammlung *für sich allein* für die Beschlussfassung über
den Split der Namenaktien nicht ausreichend sein[102].

b) Praktische Abwicklung

Mit Blick auf einen klaren, eindeutigen und reibungslosen Ver-
fahrensablauf empfiehlt es sich, für die Abstimmung in der
Sonderversammlung über den Split der Namenaktien farblich
speziell gekennzeichnete oder sonstwie eindeutig unterscheid-
bare Stimmzettel zu kreieren, die nur gerade für dieses einzige
Traktandum Verwendung finden. Damit verfügen die Stimmrechtsaktionäre mit Bezug auf die Beschlussfassung über den
Split der Namenaktien über *zwei* Stimmzettel, d.h. über diesen
Spezialstimmzettel für die Sonderversammlung sowie über einen "gewöhnlichen", auch den Inhaberaktionären zustehenden
Stimmzettel für die Abstimmung in der Generalversammlung
aller Aktionäre. Damit ist die Gefahr gebannt, dass in der Sonderversammlung, welche ja in demselben Raum wie die Gene-

---

101   Vgl. dazu *Tanner* 211 bei N 27 sowie 286 bei N 268.

102   Vgl. in diesem Zusammenhang *Böckli*, Aktienrecht, 99 bei N 351.

ralversammlung und damit unter Anwesenheit auch der Inhaberaktionäre stattfindet, auch Inhaberaktionäre mitstimmen.

Die Inhaberaktionäre ihrerseits verfügen über keinen dieser speziell markierten Stimmzettel und werden daher im Gegensatz zu den Stimmrechtsaktionären für die Beschlussfassung über den Split der Namenaktien nur mit *einem*, ausschliesslich in der Generalversammlung aller Aktionäre verwendbaren Stimmzettel bedient.

5. Beschlussquorum in der Sonderversammlung

Von der vorwiegend praktischen Problemstellung nach der Integration der Sonderversammlung ist die Rechtsfrage zu separieren, mit welchem Beschlussquorum in der Sonderversammlung der Stimmrechtsaktionäre über den Aktiensplit entschieden wird. Im Aktienrecht finden sich keine konkreten Hinweise für die Durchführung der Sonderversammlung. Art. 654 Abs. 2 OR (beim Recht der Vorzugsaktie) bzw. Art. 656f Abs. 4 OR (beim Recht des Partizipationsscheins) sprechen lediglich vom Zustimmungserfordernis einer besonderen Versammlung, ohne dabei allerdings den Beschlussfassungsmechanismus vorzuschreiben.

Die Meinungen in der Doktrin neigen dazu, die Sonderversammlungen den gleichen Spielregeln zu unterwerfen wie die Generalversammlung[103]. Danach sollen die gesetzlichen - und statutarischen - Vorschriften über die Beschlussfassung in der Generalversammlung im Zweifel auch auf den separaten Zustimmungsentscheid der Sonderversammlung anwendbar sein[104].

---

[103] Siehe dazu etwa *Siegwart* N 33 zu Art. 654 - 656 OR, wonach die Sonderversammlung wie eine Generalversammlung einberufen und abgehalten wird. Vgl. - im Zusammenhang mit der Partizipantenversammlung - *Homburger* 42: "Die Versammlung der Partizipanten ... muss gemäss den für die Einberufung der Generalversammlung geltenden Vorschriften einberufen werden. Auch im übrigen ist diese Versammlung nach diesen Vorschriften durchzuführen." Vgl. auch *Huguenin Jacobs* 88 bei Anm. 46.

[104] Vgl. dazu u.a. *Böckli*, Aktienrecht, 99 bei N 350.

Gemäss vorstehenden Ausführungen[105] wird der Beschluss der Generalversammlung sämtlicher Aktionäre auf Split der Namenaktien (und damit zur Abschaffung von Stimmrechtsaktien) mit der absoluten Mehrheit der vertretenen Aktienstimmen (Art. 703 OR) gefasst[106]. Es liegt demnach auf der Hand, *auch in der Sonderversammlung* vom *gewöhnlichen* GV-Beschlussquorum auszugehen[107]. Abgestellt wird dabei allerdings - da sich die Sonderversammlung ausschliesslich aus Stimmrechtsaktionären rekrutiert - auf die absolute Mehrheit der *vertretenen Namenaktienstimmen* (Aktienstimmen der Stimmrechtsaktionäre)[108] und nicht - wie in der Generalversammlung - auf die absolute Mehrheit sämtlicher vertretenen Inhaber- und Namenaktienstimmen (Aktienstimmen der Stamm- und Stimmrechtsaktionäre). Diese rein berechnungsmässige Differenzierung darf aber nicht darüber hinwegtäuschen, dass das *Beschlussfassungsprinzip an sich* in beiden Beschlussgremien identisch ist.

---

105 Vgl. vorne unter IV.3. bei b) auf Seite 49.

106 Nach der hier vertretenen Meinung gilt dies insbesondere auch dann, wenn keine Sonderversammlung durchgeführt wird. Vgl. dazu vorne unter II.5. auf Seite 30.

107 Gleicher Meinung *Tanner* 288 bei N 272 bzw. 211 f. bei N 28.

108 Vgl. dazu Art. 685f Abs. 3 OR. Danach gelten die Aktien ohne Stimmrecht in der Generalversammlung "als nicht vertreten". Sie werden insbesondere auch nicht für die Berechnung der qualifizierten Mehrheit nach Art. 704 Abs. 1 OR berücksichtigt (vgl. dazu etwa *Böckli*, Aktienrecht, 184 f. bei N 656; *du Pasquier/Oertle* N 7 zu Art. 685f). Für den vorliegenden Fall hat dies zur Konsequenz, dass bei den Abstimmungen in der Sonderversammlung bei der Ermittlung des absoluten Mehrs die Namenaktien ohne Stimmrecht nicht mitzuberücksichtigen sind, d.h. die Stimmrechtsbasis wird entsprechend reduziert. Vgl. dazu auch *Schleiffer* 282: "Bei der Berechnung der vertretenen Stimmen dürfen nach herrschender Lehre und Praxis die Aktien, die wegen Stimmrechtsausschlüssen nicht stimmberechtigt sind, nicht mitgezählt werden."

6. Statutarische Stimmrechtsbeschränkung in der Sonderversammlung

a) Problemstellung

Wie soeben ausgeführt, erfolgt die Beschlussfassung in der Sonderversammlung der Stimmrechtsaktionäre über den Aktiensplit mit dem absoluten Mehr der vertretenen Namenaktienstimmen. Grundsätzlich ist das Stimmrecht der einzelnen Aktionäre nicht limitiert, d.h. sie üben das Stimmrecht nach Massgabe des gesamten Nennwertes ihres Aktienbesitzes aus (Art. 692 Abs. 1 OR). Konkret hat das zur Bewandtnis, dass die Stimmrechtsaktionäre in der Sonderversammlung proportional zu ihrem Aktienanteil am Stimmrechtsaktienkapital (Namenaktienkapital) und damit ohne prozentmässige Begrenzung auch effektiv stimmen können.

Wie aber beurteilt sich die Rechtssituation, wenn die Gesellschaftsstatuten im Sinne von Art. 692 Abs. 1 OR (in Verbindung mit Art. 627 Ziff. 10 OR) eine Beschränkung des Stimmrechts vorsehen? Namentlich in Publikumsgesellschaften finden sich oftmals Statutenklauseln (im Sinne einer Schutzmassnahme) für Stimmrechtsbeschränkungen etwa mit der Formulierung, dass bei der Ausübung des Stimmrechts kein Aktionär direkt oder indirekt für eigene und vertretene Aktien zusammen mehr als einen bestimmten Prozentsatz[109] sämtlicher Aktienstimmen auf sich vereinigen kann. Gelten solche statutarischen Stimmrechtsbeschränkungen, die die Ausübung des Stimmrechts *in der Generalversammlung* im Visier haben, auch für die Beschlussfassung in der Sonderversammlung? Unterliegt - mit anderen Worten - das Stimmrecht der Stimmrechtsaktionäre in der Sonderversammlung einer prozentmässigen Begrenzung?

---

[109]   2%, 3%, 5% etc.

b) Sonderversammlung als Spezial-Generalversammlung der Stimmrechtsaktionäre

Gemäss Art. 692 Abs. 1 OR üben die Aktionäre ihr Stimmrecht in der Generalversammlung aus. Statutarische Stimmrechtsbeschränkungen wirken sich damit automatisch in der Generalversammlung aus. Das Stimmrecht des einzelnen Aktionärs (Stimmrechtsaktionärs) kann sich aber auch - wie in casu am Beschluss über den Aktiensplit demonstriert - *ausserhalb* der Generalversammlung im Rahmen der sog. Sonderversammlung aktualisieren. Soll nun mit Bezug auf die Stimmrechtsausübung in der Sonderversammlung ein anderes Rechtsregime zum Tragen kommen als in der Generalversammlung oder sind die für die Generalversammlung massgebenden Rechtsregeln *mutatis mutandis* auch für die Sonderversammlung wegleitend?

Sonderversammlungen entpuppen sich eigentlich als Generalversammlungen einer speziellen Kategorie von Personen mit Beteiligungsrechten[110] - hier der Stimmrechtsaktionäre -, die in separater Beschlussfassung zu einem identischen Sachentscheid wie die Generalversammlung (sämtlicher Aktionäre) Stellung nehmen[111]. Sonderversammlungen können daher mit Bezug auf die Gesamtheit der Aktionäre als *Mini-Generalversammlungen* eingestuft werden, denen mit Blick auf ein singuläres Generalversammlungstraktandum - hier des Aktiensplits - eine selbständige Beschlussfassungskompetenz (Zustimmungskompetenz) zukommt.

c) Analoge Anwendbarkeit der Statutenklausel in der Sonderversammlung

Die Stimmrechtsausübung in der Sonderversammlung kann aufgrund dieser Parallelitäten mit der Generalversammlung[112]

---

110 Von Aktionären oder Partizipanten.

111 Vgl. in diesem Zusammenhang *Tanner* 14 bei Anm. 90 sowie 211, N 27 f. Die Autorin attestiert der Sonderversammlung einen organähnlichen Status.

112 Vgl. insbesondere *Siegwart* N 33 zu Art. 654 - 656 OR; *Böckli*, Aktienrecht, 99 bei N 350.

prinzipiell keinen anderen Gesetzmässigkeiten unterworfen sein als die Stimmrechtsausübung in der Generalversammlung. In der Sonderversammlung werden daher die für die Stimmrechtsausübung in der Generalversammlung massgebenden statutarischen Bestimmungen analoge Anwendung finden[113].

Die Argumentation per criterium analogiam hat zur Konklusion, dass in der Sonderversammlung - gleichermassen wie in der Generalversammlung - kein Stimmrechtsaktionär direkt oder indirekt für eigene und vertretene Aktien (Namenaktien) zusammen mehr als den statutarisch festgelegten Prozentsatz (bspw. 3%) sämtlicher Aktienstimmen auf sich vereinigen kann. Als Berechnungsgrundlage für den Prozentansatz in der Sonderversammlung - dies ist eine logische Konsequenz aus dem Analogieschluss - gilt dabei nicht wie in der Generalversammlung (sämtlicher Aktionäre) die Summe aller Namen- und Inhaberaktienstimmen, sondern als Folge der Ausschliesslichkeit von Namenaktien lediglich das *Total der Namenaktienstimmen*[114]. Wenn in der Sonderversammlung nur ein Teil der Generalversammlung stimmenmässig repräsentiert wird, kann auch die statutarische Stimmrechtsbeschränkung nur von einer reduzierten Gesamtsumme an Aktienstimmen ausgehen. Massgebend sind daher - auf unserem Beispiel basierend - 3% sämtlicher Namenaktienstimmen, d.h. unabhängig von der Grösse seines Aktienbesitzes vermag kein Stimmrechtsaktionär

---

113 Siehe dazu auch *Tanner* 212 bei N 28. Vgl. sodann *Homburger* 42, wonach die Beschlussfassung in der Partizipantenversammlung in gleicher Weise erschwert sein kann wie die Beschlussfassung in der Generalversammlung.

114 Massgebende Bemessungsgrundlage bildet dabei - im Sinne eines klaren und konstanten Kriteriums - das gesamte Namenaktienkapital - einschliesslich der nicht stimmberechtigten Namenaktien. Der Prozentsatz der statutarischen Stimmrechtsbeschränkung orientiert sich mit anderen Worten nicht nur am stimmberechtigten Kapital. Vgl. dazu - im Rahmen der Erläuterung von Art. 663c OR - *Forstmoser*, Festgabe, 81. Anderer Ansicht *von Büren*, ZBJV 131 (1995) 89: Danach soll als Berechnungsbasis lediglich das stimmberechtigte Kapital gelten.

mehr als 3% des Aktienstimmpotentials in der Sonderversammlung auf sich zu kumulieren[115].

## 7.	Fazit

Wird für die Aufhebung von Stimmrechtsaktien eine separate Sonderversammlung der betroffenen Stimmrechtsaktionäre einberufen - nach dem hier vertretenen Rechtsstandpunkt ist dies juristisch nicht erforderlich -, sind auf dem dargestellten Modellfall basierend folgende Aspekte resümierend in Erinnerung zu rufen:

- Einziges Traktandum in der Sonderversammlung bildet die Beschlussfassung der Stimmrechtsaktionäre über den Antrag des Verwaltungsrates auf Split der (gewandelten) Namenaktien.

- Die Sonderversammlung ist in den Ablauf der Generalversammlung zu integrieren.

- In der Sonderversammlung ist für die Aufhebung der Stimmrechtsaktie analog zur Beschlussfassung in der Generalversammlung sämtlicher Aktionäre die absolute Mehrheit der

---

115	Die Nichtanwendung der statutarischen Stimmrechtsbeschränkung hätte zur Folge, dass dem individuellen Stimmpotential der Stimmrechtsaktionäre trotz Identität des Beschlussfassungsgegenstandes je nach Beschlussgremium - abgesehen vom proportionalen Unterschied, der sich durch die unterschiedliche Berechnungsgrundlage für den Prozentansatz in der Generalversammlung und in der Sonderversammlung ergibt - ein unterschiedliches Gewicht zukommen könnte. Stimmrechtsaktionäre mit einem Namenaktienstimmenanteil von mehr als 3% würden nämlich in der Sonderversammlung das Beschlussergebnis über den Aktiensplit nach Massgabe ihres effektiven Prozentsatzes an Namenaktienstimmen und damit in einem ungleich höheren Ausmass beeinflussen als in der Generalversammlung, in welcher das Stimmrecht durch die statutarische Stimmrechtsklausel prozentmässig beschränkt ist. Diese unterschiedliche Anknüpfung kann zu Konstellationen in der Sonderversammlung führen, die dem der Stimmrechtsbeschränkung immanenten Gedanken des Machtausgleichs und der gegenseitigen Machtkontrolle und damit auch dem Geist der Statuten nur unvollkommen Rechnung tragen würden.

vertretenen Aktienstimmen (Namenaktienstimmen) massgebend.

- Eine allfällig existierende statutarische Stimmrechtsbeschränkung gilt analog auch für den Spezialfall der Sonderversammlung mit der Konsequenz, dass in der Sonderversammlung kein Stimmrechtsaktionär (Namenaktionär) direkt oder indirekt für eigene und vertretene Aktien (Namenaktien) zusammen mehr als den statutarisch festgelegten Prozentsatz an sämtlichen Aktienstimmen (Namenaktienstimmen) auf sich vereinigen kann.

V. Zusammenfassung der Ergebnisse

1. Charakteristische Wesensmerkmale der Sonderversammlung

- Sonderversammlungen sind dispositive Anordnungen des Gesetzgebers.

- Die Organisationsform der Sonderversammlung wird für Situationen reserviert, bei denen ein Abbau von statutarisch eingeräumten Rechten zur Debatte steht.

- Für den Tatbestand der Sonderversammlung typisch ist die Beeinträchtigung von Vorrechten.

- Sonderversammlungen wirken auch als Schutzfaktor für statutarische Mitwirkungsrechte von Partizipanten.

- Den Sonderversammlungen wird jeweils ein singuläres Generalversammlungstraktandum zur selbständigen Beschlussfassung vorgelegt.

- Sonderversammlungen können für sich allein aber keinen gesellschaftsrechtlichen Gesamtakt beschliessen.

2. Sachliches Anwendungsgebiet der Sonderversammlung

- Eine gesetzliche Grundlage für die Einberufung einer Sonderversammlung findet sich im Rahmen von Art. 654 Abs. 2 und 3 OR bei der Vorzugsaktie.

- Des weiteren wird im Rahmen von Art. 656f Abs. 4 OR beim Partizipationsschein eine Sonderversammlung im Sinne einer Partizipantenversammlung legislatorisch vorgesehen.

- Bei der Aufhebung von Stimmrechtsaktien braucht keine Sonderversammlung abgehalten zu werden.

- Auch die Umwandlung von Partizipationsscheinen in Aktien bildet kein Szenario für eine Sonderversammlung.

✓